龍行天下
道揚乾坤

税务方法与实战案例丛书·知识更新版

纳税实务精解

蔡　昌　编著

税务方法与实战案例丛书· 知识更新版

纳税实务精解

蔡昌 编著

中国财政经济出版社

图书在版编目（CIP）数据

纳税实务精解/蔡昌编著．—北京：中国财政经济出版社，2011.1
（税务方法与实战案例丛书·知识更新版）
ISBN 978－7－5095－2509－8

Ⅰ.①纳…　Ⅱ.①蔡…　Ⅲ.①税收管理－中国　Ⅳ.①F812.42

中国版本图书馆 CIP 数据核字（2010）第 189872 号

责任编辑：温彦君　　　　责任校对：张　凡
封面设计：郁　佳　　　　版式设计：兰　波

中国财政经济出版社出版

URL：http：//ckfz.cfeph.cn

E－mail：ckfz@cfeph.cn

社址：北京市海淀区阜成路甲 28 号　邮政编码：100142

发行处电话：88190406　财经书店电话：64033436

北京富生印刷厂印刷　各地新华书店经销

787×960 毫米　16 开　13.75 印张　217 000 字

2011 年 1 月第 1 版　2011 年 1 月北京第 1 次印刷

定价：28.00 元

ISBN 978－7－5095－2509－8/F·2135

（图书出现印装问题，本社负责调换）

本社质量投诉电话：010－88190744

前言

税收是一个古老的财政范畴，它随着国家的出现而出现，随着社会进步和经济发展而不断发展。21世纪，随着中国经济腾飞和世界经济一体化趋势，税收在市场经济中更加凸显其调控功能。税收在社会经济中的地位越来越高，税收与人们的生活也越来越密切，没有哪个组织和个人能够远离税收，当然更不能忽略税收的存在，税收已经成为社会各界广为关注的重要领域之一。

中国社会转型期，税收是一柄双刃剑，利益与风险同在。政府谈税，企业谈税，个人谈税，谈的角度各不相同。但我们有一个共同的需求：看透税收，即透视税收深层的利益与风险，解读税收制度的沿革与变迁，把握税收政策的导向与细节？本书就是在这种背景下，深入细致地探讨最新税收政策，力求系统反映中国税收制度的全貌和动态。本书内容深入浅出，涵盖了增值税、消费税、营业税、关税、企业所得税、个人所得税等现行六个主要税种的税制精华，并辅之以丰富的实践案例，从税收政策、税款计算、纳税申报等角度讲解企业纳税操作实务。值得说明的是，本书所涉及的税收政策截止到2010年12底。

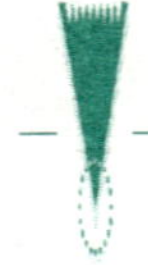

限于时间和编者水平，书中疏漏之处在所难免，欢迎大家批评指正，以便进一步充实和完善。

蔡　昌

记于中央财经大学

目　录

第1章

税 收 基 础

1.1 税收与税收制度

税收的历史与国家的历史一样久远，税收是政府取得财政收入的最佳、最有效的形式。数千年前的古希腊、古罗马和古埃及就已存在税收。中国五千年的文明史，从来都是和税收紧密联系在一起的。只不过商品经济不发达时期的税收多采用实物形式，而不是我们现在所熟悉的货币形式。

如果注意到汉语中“税”字的写法，你就会发现：“税”字的左边是禾木旁，右边是一个“兑”。从“税”字构成来看，税最早是和农业联系在一起的，“税”的探源性解释为：税取之于民，民以禾为兑。即税收最早起源于农业，最早的税收是以农产品形式缴纳的。只是到了后来，税收才逐渐延伸到工商业、服务业等领域，逐渐演变为按货币形式缴纳。英文中的税收一词称“tax”，来自于拉丁文“taxo”，包含必须忍受、必须负担的意思。可以说，税收是与人类的文明史相伴随的，没有税收就不可能创造出今天辉煌的社会文明。

1.1.1 税收的多层面理解

税收是国家为向社会提供公共产品，满足社会共同需要，凭借其政治权力，强制、无偿地征收货币或实物以取得财政收入的一种工具。马克思说："国家存在的经济体现就是捐税。"[①] "捐税体现着表现在经济上的国家存在，官吏和僧侣、士兵和女舞蹈家、教师和警察、希腊式的博物馆和哥特式的尖塔、王室费用和官阶表这一切童话般的存在物于胚胎时期就已安睡在一个共同的种子——捐税之中了。"[②] 列宁说："所谓税赋，就是国家不付任何报酬而向居民取得东西。"[③] 税收在国家政治、经济生活中起着越来越重要的作用。税收从本质上说是一种政府行为。

从公共产品理论角度分析，税收是公共产品的价格。布坎南认为：税收是个人为支付由政府通过集体筹资所提供的商品与劳务的价格。应该说，我们享受政府的公共产品，实际上是因为我们作为纳税人支付了税收，公共产品才能得以提供。所以税收是公共产品的价格。这里所强调的是政府与纳税人之间的一种利益交换关系。

从法学角度分析，税收又是以法的形式存在的，"法律上的税概念，是指作为法律上的权利与义务主体的纳税者（公民），以自己的给付使用于宪法规定的各项权利为前提，并在此范围内，依照遵从宪法制订的税法为依据，承担的物质性给付义务"。[④]

1.1.2 税收法定主义原则

税收法定主义原则是税收领域最为重要的基本原则或称最高法律原则，它是民主原则和法治原则等现代宪法原则在税收制度上的表现，对于保障人权，维护国家利益和社会公益可谓举足轻重，不可或缺。

税收法定主义原则是确定征税和纳税行为的根本原则。该原则的基本含义可以表述为：税法主体及其权利和义务必须由法律加以确定，税

---

① 《马克思恩格斯全集》第四卷，人民出版社 1995 年版，第 342 页。
② 《马克思恩格斯选集》第一卷，人民出版社 1995 年版，第 181 页。
③ 《列宁全集》第 32 卷，人民出版社 1984 年版，第 275 页。
④ 刘剑文、熊伟著：《税法基础理论》，北京大学出版社 2004 年版，第 13—15 页。

法的各类构成要素皆必须且只能由法律予以明确规定，没有法律依据，任何主体不得征税，国民也不得被要求缴纳税款。该原则的实质在于对国家的权力加以限制，即要求国家征税权的行使须得到全国人民通过其代表机关以制定有关法律而表示同意，一切税收的课征须以国家立法机关制定颁布的法律为根据。

税收法定主义原则是确立征税制度、实行课税和纳税的基本前提。只有按照税收法定主义原则建立起来的税法和税制体系，经过代表全民意志的立法机关立法，才能保证贯彻税收的公平主义原则和税收的实质征税原则。

税收法定主义肇始于英国，是近代资产阶级法治主义思想和实践在税收领域中的体现。1215 年的英国大宪章已初露税收法定主义的萌芽，当时的英国大宪章规定，“一切盾金或援助金，如不基于朕之一国的一般评议会决定，则在朕之王国内不允许课征。”这一规定正是“无论何种负担均需得到被课征者的同意”这一原则的体现。此后，经过 1629 年的《权利请愿书》进一步将其表述为：没有议会的一致同意，任何人不得被迫给予或出让礼品、贷款、捐助、税金或类似的负担，直到 1689 年的《权利法案》中，才最后确定税收由议会控制；而在议会之中，则由下议院作为社会的名义代表来控制税收，因此，“没有代表则无税”，如无以国民议会制定的法律为依据，则不得课税，至此，才正式确定了税收法定主义原则。此后，各国纷纷将税收法定主义作为宪法原则加以确认，多注重在其宪法中对税收法定主义予以明确规定。

1.1.3 税收制度

税收制度由众多的法律法规组成，这些法规相互联系，构成完整的体系。税收制度体系有狭义和广义之分。狭义的税收制度体系指在宪法的框架内制定的，对税收征收与税收管理进行规范的税收实体法、程序法的总称。广义的税收制度体系包括宪法的涉税条款、税收基本法、程序法和实体法、税收行政法规与规章，以及与税收有密切关系的其他法律五个层次。这里主要对前三个层次进行介绍。

（1）宪法的涉税条款。宪法是一国的根本法律，对该国的社会制度、国家制度、国家机构、公民的基本权利和义务进行规定，在该国的法律体系中具有最高的权威和最大的效力。只有在宪法中加入涉税条款，才能从根本上规范国家征税权，并进一步对税收基本制度、税收立法权、税权分配进行规范，从而防止国家征税权的过度膨胀，在国家征税权和公民财产权之间实现平衡。

在现代法治国家中，宪法的涉税条款主要包括以下三方面内容：其一，确认税收法定原则，规定税收征纳双方的规范必须依据立法机关的法律。其二，明确各级立法机关的税权划分，主要是中央与地方各级立法机关之间税收立法权的划分。其三，以禁止性条款防止行政权力的扩张和滥用，保证重要税收的立法权由立法机关行使。

（2）税收基本法。税收基本法也称税法通则，是对各类税收中的共性问题进行规范的法律，对各单行税收实体法和税收程序法起统领、约束、指导、协调作用。除宪法的涉税条款之外，在税法体系中具有最高法律地位和法律效力，其他所有税收法律法规均不得与其相抵触。并非所有国家都在税法体系中设置税收基本法，目前中国就没有设置税收基本法。

美国将所有税收法律、法规编纂成一部法典，即包括适用于所有税收活动中的一些共同性问题的总则规范、税收实体法规范和税收程序法规范。美国除税权划分、立法程序、开征的税种及其限制等通过宪法与修正案中的涉税条款进行规定之外，联邦一级税收的共同性问题与个别性问题均通过《国内收入法典》进行规定。

（3）税收实体法和程序法。税收实体法和税收程序法是对专门税收事项进行规范的法律，两者的区别在于功能不同。税收实体法是规定各税种的征收对象、征收范围、税目、税率、纳税地点等课税要素的法律，如《中华人民共和国企业所得税法》、《中华人民共和国个人所得税法》、《中华人民共和国营业税暂行条例》等。税收程序法是为保证税收实体法的实施，对税务管理进行规范的法律，如《中华人民共和国税收征收管理法》等。

1.2 中国税制框架

中国税收制度是由法律、法规和规章组成的一个统一的税收法律体

系。中国现行税收制度的法律级次如下：

（1）全国人民代表大会及其常务委员会制定的税收法律。如《中华人民共和国企业所得税法》、《中华人民共和国个人所得税法》、《中华人民共和国税收征收管理法》等。

（2）全国人民代表大会或其常务委员会授权立法所制定的税收法规。如国务院经授权立法所制定的增值税、营业税、消费税、资源税、土地增值税等暂行条例等。

（3）国务院制定的税收行政法规。如国务院制定并颁布的《中华人民共和国税收征收管理法实施细则》等。

（4）地方人民代表大会及其常委会制定的税收地方性法规。

（5）国务院税务主管部门制定的税收部门规章。如财政部颁发的《增值税暂行条例实施细则》、国家税务总局颁发的《税务代理试行办法》等。

（6）地方政府制定的税收地方规章。如国务院发布实施的城市维护建设税、车船税、房产税等地方性税种暂行条例，都规定省、自治区、直辖市人民政府可根据条例制定实施细则。

中国自1994年进行大规模的税制改革以来，基本形成以流转税和所得税为主体的税制体系。现行税制体系中共有18个税种，分别由税务机关和海关负责征收：

（1）由税务机关负责征收的税种：增值税、消费税、营业税、资源税、企业所得税、个人所得税、土地增值税、城镇土地使用税、房产税、城市维护建设税、车船税、车辆购置税、印花税、耕地占用税、契税、烟叶税共16种税。

（2）由海关机关负责征收的税种：关税、船舶吨税等两种。

除税收实体法外，我国对税收征收管理适用的法律制度是按照税收管理机关的不同而分别规定的：由税务机关负责征收16种税的征收管理，按照全国人大常委会发布实施的《中华人民共和国税收征收管理法》执行；由海关机关负责征收两种税的征收管理，按照《中华人民共和国海关法》及《进出口关税条例》等有关规定执行。

经过1994年以来历经十几年的税制改革，中国基本形成结构合理、颇具规模的税制体系，如图1－1所示：

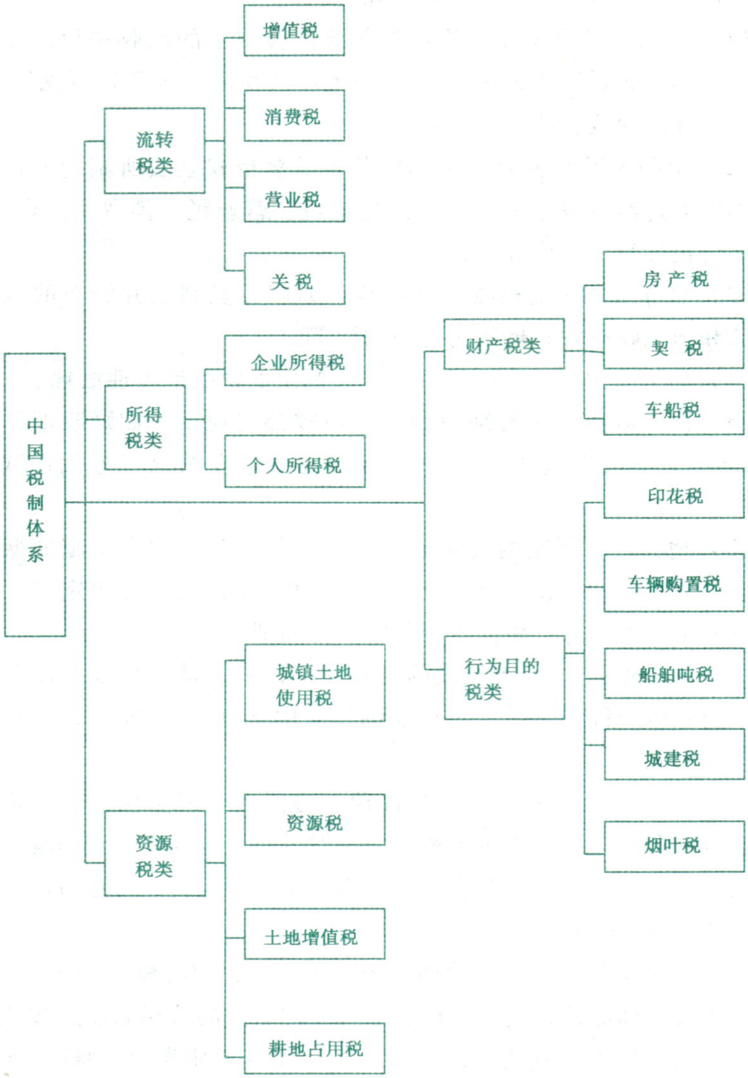

图 1－1　中国现行税制体系图

中国现行税制体系及其税种在中央和地方之间的划分情况，如表 1－1所示：

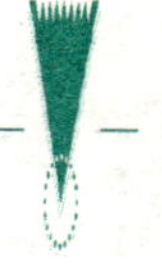

表 1－1　　中国现行税制体系

税类	税种	中央税	地方税	中央地方共享税	备　注
流转税	增值税			√	中央 75%，地方 25%
	消费税	√			收入 100% 归中央政府管理和支配
	营业税			√	铁道部、各银行总行、各保险总公司集中缴纳的部分归中央政府，其余部分归地方政府
	关税	√			由海关负责征管，收入归中央财政
所得税	企业所得税			√	中央 60%，地方 40%
	个人所得税			√	中央 60%，地方 40%
资源税	资源税			√	海洋石油资源税划归中央（目前暂停征），其他部分归地方政府
	城镇土地使用税		√		收入归地方政府管理和支配
	耕地占用税		√		收入归地方政府管理和支配
	土地增值税		√		收入归地方政府管理和支配
财产税	房产税		√		收入归地方政府管理和支配
	契税		√		收入归地方政府管理和支配
	车船税		√		收入归地方政府管理和支配
行为税	印花税			√	证券交易印花税收入的 97% 归中央政府，其余 3% 和其他印花税收入归地方政府
	城市维护建设税			√	铁道部、各银行总行、各保险总公司集中缴纳的部分归中央政府，其余部分归地方政府
	车辆购置税	√			收入归中央政府管理和支配
	烟叶税		√		收入归地方政府管理和支配
	船舶吨税	√			由海关代为征收，收入归中央财政

第 2 章

增 值 税

2.1 增值税基础

2.1.1 增值税的概念

美国耶鲁大学经济学教授亚当斯（T. S. Adams）是提出增值税（Value - added tax，VAT）概念的第一人，他于 1917 年在国家税务学会《营业税》（The Taxation of Business）报告中首先提出了对增值额征税的概念，时称营业毛利税。1921 年，德国企业家西蒙斯（Sic-mens）在《改进的增值税》中正式提出增值税的名称并完整阐释其税制原理，但当时并未引起政府当局的关注。直到 1954 年，法国被尊称为“增值税之父”的财政部官员莫里斯·洛雷推动法国政府率先采用增值税并取得成功，增值税才正式登上历史舞台，并在很短的时间内增值税就以其独有的魅力和优势风靡全球。目前，世界上已有 120 多个国家和地区实行增值税。增值税不仅成为构成各国流转税的主体税种，而且在大多数发展中国家也成为财政收入的主要来源。

增值税（VAT）是以法定增值额为课征对象而征收的一种税。所谓法定增值额，是针对理论增值额而言的。理论增值额指单位或个人在生产经营过程中新创造的那部分价值，即相当于商品价值（C+V+M）扣除生产上消耗掉的生产资料的转移价值（C）之后的余额（V+M），它主要包括工资、利润、利息、租金和其他属于增值性的费用。而法定增值额是指单位或个人在生产经营过程中新创造的商品价值扣除税法指定物质消耗项目后的余额。对于增值额，可以从两个角度来理解：第一，就某一生产经营单位而言，增值额是指该单位销售商品或提供劳务的收入额扣除为生产经营这种商品（包括劳务）而外购的那部分货物（包括劳务）价款后的余额；第二，就商品生产（劳务提供）的全过程而言，增值额是该商品（包括劳务）历经的生产（加工）和流通的各个环节所创造的增值额之和，也就是该项商品（包括劳务）的最终销售价值。

2.1.2 增值税的类型

增值税的征收对象是商品（包括劳务）的增值额，但在税收征管实践中，各国对可以扣除的外购项目的规定存在很大差异，主要表现为对外购固定资产增值税是否允许抵扣的处理方式不同。据此，可以将增值税划分为生产型增值税、收入型增值税和消费型增值税三种基本类型，见表2-1：

表2-1 增值税类型比较

增值税类型	特　点	优　点
生产型	课税基数大体相当于国民生产总值的统计口径（工资+租金+利息+利润+折旧），不允许扣除任何外购固定资产的价款。法定增值额 > 理论增值额	保证财政收入
收入型	课税基数相当于国民收入部分，外购固定资产价款只允许扣除当期计入产品价值的折旧费部分。 法定增值额 = 理论增值额	是一种标准的增值税
消费型	课税基数仅限于消费资料价值的部分，允许将当期购入的固定资产价款一次全部扣除	我国在2009年实行了增值税的全面“转型”，由生产型增值税转变为消费型增值税；实行消费型增值税有利于鼓励投资、税制优化和产业结构调整

2.2 征税范围与纳税人

2.2.1 征税范围

增值税是对在中华人民共和国境内销售货物或者提供加工、修理修配劳务，以及进口货物的单位和个人，就其取得的货物或应税劳务的销售额，以及进口货物的金额计算税款，并实行税款抵扣制的一种流转税。

增值税的征税范围如表 2－2 所示：

表 2－2　增值税的征税范围

增值税的征税范围	一般规定	（1）销售货物、进口货物； （2）提供加工、修理修配劳务
	视同销售（8 项）	（1）将货物交付其他单位或者个人代销； （2）销售代销货物； （3）设有两个以上机构并实行统一核算的纳税人，将货物从一个机构移送其他机构用于销售，但相关机构设在同一县（市）的除外； （4）将自产或者委托加工的货物用于非增值税应税项目； （5）将自产、委托加工的货物用于集体福利或者个人消费； （6）将自产、委托加工或者购进的货物作为投资，提供给其他单位或者个体工商户； （7）将自产、委托加工或者购进的货物分配给股东或者投资者； （8）将自产、委托加工或者购进的货物无偿赠送其他单位或者个人
	混合销售和兼营的税务处理	一项销售行为如果既涉及货物又涉及非增值税应税劳务，为混合销售行为。 兼营非增值税应税项目
	其他	此类规定较杂，主要涉及三大方面：一是与营业税的划分；二是增值税的征免优惠政策；三是伴随货物销售的一些特殊价外费用的涉税规定

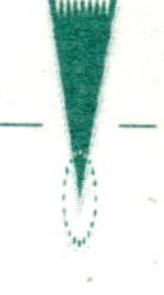

（1）属于征税范围的特殊项目：

①货物期货（包括商品期货和贵金属期货），应当征收增值税，在期货的实物交割环节纳税；

②银行销售金银的业务，应当征收增值税；

③典当业的死当物品销售业务和寄售业代委托人销售寄售物品的业务，以及免税商店零售的免税品均应征收增值税，即按简易办法依照4%的税率计算缴纳增值税；

④集邮商品（如邮票、首日封、邮折等）的生产以及邮政部门以外的其他单位和个人销售的，均征收增值税。

（2）属于征税范围的特殊行为：

①视同销售货物行为。表2－2中八种视同销售货物行为均要征收增值税。此规定一方面保证增值税税款抵扣制度的实施，不致因发生上述行为而造成税款抵扣环节的中断；另一方面，避免因发生上述行为而造成货物销售税收负担不平衡的矛盾，防止利用以上行为逃避纳税。

②混合销售行为。一项销售行为如果既涉及货物又涉及非增值税应税劳务，为混合销售行为。

从事货物的生产、批发或零售的企业、企业性单位和个体工商户的混合销售行为，视为销售货物，应当缴纳增值税。从事货物的生产、批发或者零售的企业、企业性单位和个体工商户，包括以从事货物的生产、批发或者零售为主，并兼营非增值税应税劳务的单位和个体工商户在内。

其他单位和个人的混合销售行为，视同销售非增值税应税劳务，不缴纳增值税。所谓非增值税应税劳务，是指属于应交营业税的交通运输业、建筑业、金融保险业、邮电通信业、文化体育业、娱乐业、服务业税目征收范围的劳务。

纳税人销售自产货物并同时提供建筑业劳务的混合销售行为，应当分别核算货物的销售额和非增值税应税劳务的营业额，并根据其销售货物的销售额计算缴纳增值税，非增值税应税劳务的营业额不缴纳增值税；未分别核算的，由主管税务机关核定其货物的销售额。

［案例2－1］ 某电冰箱厂向某商场批发200台电冰箱，为了保证及时供货，双方议定由该厂动用自己的卡车向商场运送电冰箱。电冰箱厂

除收取货款外还收取运输费。在此次销售活动中，就发生了销售货物和不属于增值税应税劳务（属于营业税规定的运输业务）的混合销售行为。由于电冰箱厂属于生产型企业，其发生的混合销售行为都视为销售货物，取得的货款和运输费一并作为货物销售额，按电冰箱适用的17%税率征收增值税。

③兼营非增值税应税项目。兼营非增值税应税项目是指增值税纳税人在从事应税货物销售或提供应税劳务的同时，还从事非增值税应税项目（即营业税规定的各项劳务等），且从事的非增值税应税项目与某一项销售货物或提供应税劳务并无直接的联系和从属关系。增值税纳税人兼营非增值税应税项目的，应分别核算货物或者应税劳务的销售额和非增值税应税项目的营业额；未分别核算的，由主管税务机关核定货物或者应税劳务的销售额。

混合销售行为与兼营非应税劳务行为，其相同之处是两者都包括销售货物与提供非应税劳务两种行为。不同之处在于混合销售行为强调在同一项销售行为（同一业务）中存在两者的混合，即销售货物与提供非应税劳务紧密相连以致混合为一体（如销售空调并负责安装），货物销售款与非应税劳务款同时从同一购买者（客户）那里取得而难以分清；而兼营行为强调的是在同一纳税人的经营活动中存在着两类不同性质的应税项目，它们不是在同一销售行为（同一业务）中发生的，即不同时发生在同一个购买者（客户）身上。因此，判断某纳税人的行为究竟是混合销售行为还是兼营行为，主要是看其销售货物行为与提供非应税劳务的行为是否同时发生在同一业务中（即其货物销售与非应税劳务的提供是否同时服务于同一客户），如果是，则为混合销售行为；如果不是，则为兼营行为。正因为混合销售行为与兼营行为的性质不同，故其纳税原则也不相同。前者是以纳税人的“经营主业”为标准划分，就全部销售收入（营业额）只征一种税，或征增值税，或征营业税，而后者是以会计核算为标准，纳税人能够分别核算、准确核算，则分别征税（即销售行为征增值税，非应税劳务行为征营业税）；如果不能分别核算或者不能准确核算，由主管税务机关分别核算分别征收增值税和营业税。

[案例2－2] 某建筑装饰材料商店，一方面销售货物；另一方面又对外承揽属于应纳营业税的安装业务。根据增值税政策的规定，纳税人

兼营非应税劳务的，应分别核算货物或应税劳务和非应税劳务的销售额，若该建筑装饰材料商店分别核算，则对货物销售额按17%的税率征收增值税，对安装业务按3%的税率征收营业税。若未分别核算，则由主管税务机关核定货物和安装劳务的营业额分别缴纳增值税和营业税。

（3）增值税免税项目：

①农业生产者销售的自产农产品；

②避孕药品和用具；

③古旧图书；

④直接用于科学研究、科学实验和教学的进口仪器、设备；

⑤外国政府、国际组织无偿援助的进口物资和设备；

⑥由残疾人组织直接进口供残疾人专用的物品；

⑦个人销售的自己使用过的物品。

（4）租赁业务的税收政策。除经中国人民银行和对外经济贸易合作部（现为商务部）批准经营融资租赁业务的单位所从事的融资租赁业务外，其他单位从事的融资租赁业务，租赁的货物的所有权转让给承租方的征收增值税，租赁的货物的所有权未转让给承租方的，不征收增值税，见表2-3：

表2-3　融资租赁业务税务处理对比表

批准状况	融资租赁货物最终所有权	缴纳税种	所属项目
央行和对外贸易经济合作部（商务部）批准的从事融资租赁业务的单位从事融资租赁业务	所有权未转让给承租方	营业税	金融业
	所有权转让给承租方		
其他单位从事融资租赁业务	所有权未转让给承租方		租赁业
	所有权转让给承租方	增值税	销售货物

2.2.2 纳税义务人与扣缴义务人

（1）单位。一切从事销售或者进口货物、提供应税劳务的单位都是增值税纳税义务人。包括企业、行政单位、事业单位、军事单位、社会团体及其他单位。

（2）个人。凡从事货物销售或进口、提供应税劳务的个人都是增

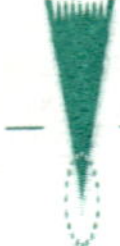

值税纳税义务人。包括个体工商户和其他个人。

（3）承租人和承包人。单位租赁或承包给其他单位或个人经营的，以承租人或者承包人为纳税义务人。

（4）扣缴义务人。境外的单位或个人在境内销售应税劳务而在境内未设经营机构的，其应纳税款以代理人为扣缴义务人；没有代理人的，以购买者为扣缴义务人。

2.3 一般纳税人和小规模纳税人的比较

2.3.1 小规模纳税人的认定及管理

（1）小规模纳税人的认定标准。小规模纳税人是指年销售额在规定标准以下，并且会计核算不健全，不能按规定报送有关税务资料的增值税纳税人。所称会计核算不健全，是指不能正确核算增值税的销项税额、进项税额和应纳税额。

小规模纳税人的认定标准为：①从事货物生产或提供应税劳务的纳税人，以及以从事货物生产或提供应税劳务为主，并兼营货物批发或零售的纳税人，年应税销售额在 50 万元以下（含 50 万元）的；②从事货物批发或零售的纳税人，年应税销售额在 80 万元以下（含 80 万元）的。

这里所说的以从事货物生产或者提供应税劳务为主，是指纳税人的年货物生产或者提供应税劳务的销售额占年应税销售额的比重在 50% 以上。

年应税销售额超过小规模纳税人标准的其他个人按小规模纳税人纳税，非企业性单位、不经常发生应税行为的企业可选择按小规模纳税人纳税。

（2）小规模纳税人的管理。小规模纳税人实行简易征税办法，并且一般不使用增值税专用发票，但基于增值税征收管理中一般纳税人与小规模纳税人之间客观存在的经济往来的实情，国家税务总局根据授权专门制定了《增值税小规模纳税人征收管理办法》，该管理办法规定：

①基层税务机关要加强对规模生产企业财会人员的培训，帮助建立会计账簿，只要小规模企业有会计，有账册，能够正确计算进项税额、销项税额和应纳税额，并能按规定报送有关税务资料，年应税销售额不低于 30 万元的可以认定为增值税一般纳税人。

②对没有条件设置专职会计人员的小规模企业在纳税人自愿并配有本单位兼职会计人员的前提下，可采取以下措施，使兼职人员尽快独立工作，进行会计核算：由税务机关帮助小规模企业从税务咨询公司、会计师事务所等聘请会计人员建账、核算；由税务机关组织从事过财会业务，有一定工作经验，遵纪守法的离、退休会计人员，帮助小规模企业建账、核算；在职会计人员经所在单位同意，主管税务机关批准，也可以到小规模企业兼任会计。

③小规模企业可以单独聘请会计人员也可以几个企业联合聘请会计人员。

另外，凡年应税销售额在 50 万元以下的小规模商业企业、企业性单位，以及以从事货物批发或零售为主并兼营货物生产或提供应税劳务的企业、企业性单位，无论财务核算是否健全，一律不得认定为增值税一般纳税人。

2.3.2 一般纳税人的认定及管理

一般纳税人是指年应征增值税销售额超过《增值税暂行条例实施细则》规定的小规模纳税人标准的企业和企业性单位。

增值税纳税人年应税销售额超过财政部、国家税务总局规定的小规模纳税人标准的，除不得认定为一般纳税人的个人和单位外，均应当向主管税务机关申请一般纳税人资格认定。年应税销售额是指纳税人在连续不超过 12 个月的经营期内累计应征增值税销售额，包括免税销售额。

年应税销售额未超过财政部、国家税务总局规定的小规模纳税人标准以及新开业的纳税人，可以向主管税务机关申请一般纳税人资格认定。对提出申请并且同时有固定的生产经营场所并能够按照国家统一的会计制度规定设置账簿，根据合法、有效凭证核算，能够提供准确税务资料的纳税人，主管税务机关应当为其办理一般纳税人资格认

定。

纳税人总分支机构实行统一核算，其总机构年应税销售额超过小规模企业标准，但分支机构年应税销售额未超过小规模企业标准的，其分支机构可申请办理一般纳税人认定手续。在办理认定手续时，须提供总机构所在地主管税务机关批准其总机构为一般纳税人的证明（总机构申请认定表的影印件）。

由于销售免税货物不得开具增值税专用发票，因此，全部销售免税货物的企业不办理一般纳税人认定手续。

下列纳税人不属于一般纳税人：

（1）个人（除个体工商户以外的其他个人）。

（2）选择按小规模纳税人纳税的非企业性单位。

（3）选择按小规模纳税人纳税的不经常发生增值税应税行为的企业。

［案例 2－3］ 某企业 5 月份按照税务机关规定的领购数量第一次领购了专用发票 25 份，按照开票限额使用后需要增购发票，第一次领购的 25 份销售额为 10 万元，增购发票时需要预缴增值税 0.3 万元。假定该企业当月实际发生销项税额 2.5 万元，进项税额 1 万元，则当月应纳增值税 =2.5－1－0.3 =1.2（万元）。

纳税人发生 0.3 万元预缴税款抵减应纳税额，要自行计算需抵减的税款并向主管税务机关提出抵减申请。

2.4 税率与征收率

2.4.1 基本税率

增值税一般纳税人销售或者进口货物，提供加工、修理修配劳务，除低税率适用范围和销售个别旧货适用征收率外，税率一律为 17%，这就是通常所说的基本税率。

2.4.2 低税率

增值税一般纳税人销售或者进口下列货物，按低税率计征增值税，低税率为13%。

（1）粮食、食用植物油；

（2）暖气、冷气、热水、煤气、石油液化气、天然气、沼气、居民用煤炭制品；

（3）图书、报纸、杂志（邮政部门发行报刊缴纳营业税，不缴纳增值税）；

（4）饲料、化肥、农药、农机（不包括农机零部件）、农膜；

（5）国务院规定的其他货物。

2.4.3 零税率

除国务院另有规定外，出口货物税率为零。这里所说的国务院另有规定的，主要有纳税人出口的原油、援外出口货物、糖；经国务院批准的其他商品，如天然牛黄、麝香、铜及铜基合金、铂金等。相关税率和征收率见表2-4、表2-5：

表2-4 增值税税率和征收率一览表

税率和征收率		具体规定
税率	基本税率 17%	（1）纳税人销售或者进口货物，除使用低税率和零税率的外，税率为17%。 （2）纳税人提供加工、修理修配劳务（以下称应税劳务），税率为17%
	低税率 13%	（1）粮食、食用植物油； （2）暖气、冷气、热水、煤气、石油液化气、天然气、沼气、居民用煤炭制品； （3）图书、报纸、杂志； （4）饲料、化肥、农药、农机、农膜； （5）国务院规定的其他货物：农产品；音像制品；电子出版物二甲醚
	零税率	纳税人出口货物，税率为零；但是，国务院另有规定的除外
征收率		小规模纳税人增值税征收率为3%

表 2－5　　　　增值税简易征收一览表

特殊征收率		适用情况	注意辨析
小规模纳税人适用	减按 2% 征收率征收	小规模纳税人（除其他个人外，下同）销售自己使用过的固定资产 销售额＝含税销售额/（1＋3%） 应纳税额＝销售额×2%	小规模纳税人销售自己使用过的除固定资产以外的物品，应按 3% 的征收率征收增值税
一般纳税人适用	4% 征收率减半征收	（1）一般纳税人销售自己使用过的不得抵扣且未抵扣进项税额的固定资产。 （2）纳税人销售旧货。所称旧货，是指进入二次流通的具有部分使用价值的货物（含旧汽车、旧摩托车和旧游艇），但不包括自己使用过的物品	（1）一般纳税人销售自己使用过的除固定资产以外的物品，应当按照适用税率征收增值税。 （2）一般纳税人销售自己使用过的抵扣过进项税额的固定资产，应当按照适用税率征收增值税
	4% 征收率计税	一般纳税人销售货物属于下列情形之一的，暂按简易办法依照 4% 征收率计算缴纳增值税： （1）寄售商店代销寄售物品（包括居民个人寄售的物品在内）； （2）典当业销售死当物品； （3）经国务院或国务院授权机关批准的免税商店零售的免税品	
	可选择按照 6% 征收率计税	一般纳税人销售自产的下列货物，可选择按照简易办法依照 6% 征收率计算缴纳增值税： （1）县级及县级以下小型水力发电单位生产的电力。小型水力发电单位，是指各类投资主体建设的装机容量为 5 万千瓦以下（含 5 万千瓦）的小型水力发电单位。 （2）建筑用和生产建筑材料所用的砂、土、石料。 （3）以自己采掘的砂、土、石料或其他矿物连续生产的砖、瓦、石灰（不含黏土实心砖、瓦）。 （4）用微生物、微生物代谢产物、动物毒素、人或动物的血液或组织制成的生物制品。 （5）自来水。 （6）商品混凝土（仅限于以水泥为原料生产的水泥混凝土）	（1）一般纳税人选择简易办法计算缴纳增值税后，36 个月内不得变更。 （2）对属于一般纳税人的自来水公司销售自来水按简易办法依照 6% 征收率征收增值税，不得抵扣其购进自来水取得增值税扣税凭证上注明的增值税税款

2.5 增值税应纳税额的计算

2.5.1 一般纳税人应纳税额的计算

增值税一般纳税人当期的应纳税额等于当期销项税额减去当期进项税额。增值税一般纳税人当期应纳税额的多少，取决于当期销项税额和当期进项税额这两个因素。因此，在计算应纳税额时应分别确定其销项税额和进项税额，见图 2－1：

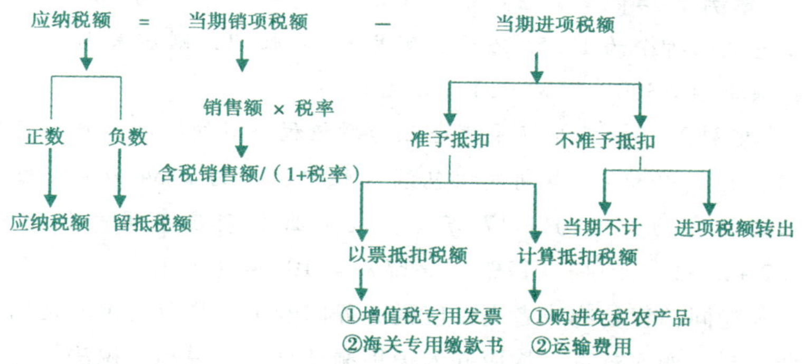

图 2－1 增值税计税方法

正确计算应纳增值税额，首先需要准确核算作为增值税计税依据的销售额。销售额是指纳税人销售货物或者提供应税劳务向购买方收取的全部价款和价外费用，但不包括收取的销项税额。

价外费用（实属价外收入）包括价外向购买方收取的手续费、补贴、基金、集资费、返还利润、奖励费、违约金、滞纳金、延期付款利息、赔偿金、代收款项、代垫款项、包装费、包装物租金、储备费、优质费、运输装卸费以及其他各种性质的价外收费。但下列项目不包括在内：

（1）受托加工应征消费税的消费品所代收代缴的消费税；

（2）同时符合以下条件的代垫运输费用：承运部门的运输费用发

票开具给购买方的；纳税人将该项发票转交给购买方的。

（3）同时符合以下条件代为收取的政府性基金或者行政事业性收费：由国务院或者财政部批准设立的政府性基金，由国务院或者省级人民政府及其财政、价格主管部门批准设立的行政事业性收费；收取时开具省级以上财政部门印制的财政票据；所收款项全额上缴财政。

（4）销售货物的同时代办保险等而向购买方收取的保险费，以及向购买方收取的代购买方缴纳的车辆购置税、车辆牌照费。

（5）包装物押金是否计入销售额：①一年以内且未过企业规定期限，单独核算者，不做销售处理；②一年以内但过企业规定期限，单独核算者，做销售处理；③一年以上，一般做销售处理（特殊放宽期限的要经税务机关批准）；④酒类包装物押金，收到就做销售处理（黄酒、啤酒除外）。

[案例2－4] 某黄酒厂销售黄酒的不含税销售额为300万元，发出货物包装物押金为17.55万元，定期60天收回，则该黄酒厂当期增值税销项税额＝300×17%＝51（万元）。

[案例2－5] 某生产果酒企业为增值税一般纳税人，月销售收入为70.2万元（含税），当期发出包装物收取押金为2.34万元，当期逾期未归还包装物押金为1.17万元。该企业本期应申报的销项税额＝（70.2＋2.34）÷（1＋17%）×17%＝10.54（万元）。

凡随同销售货物或者提供应税劳务向购买方收取的价外费用，无论其会计制度如何核算，均应并入销售额计算应纳税额。税法规定各种性质的价外费用都要并入销售额计算征税，目的是防止企业以各种名目的收费减少销售额逃避纳税。但是，应当注意，对增值税一般纳税人（包括纳税人自己或代其他部门）向购买方收取的价外费用和逾期包装物押金，应视为含税收入，在征税时换算成不含税收入再并入销售额计税。

（1）一般销售方式下销项税额的计算：

销项税额是指纳税人销售货物或者提供应税劳务，按照销售额或应税劳务收入和适用的税率计算并向购买方收取的增值税税额。销项税额的计算公式为：

①基本公式：销项税额＝销售额×适用税率

②含税销售额的换算：不含税销售额＝含税销售额÷（1＋增值税

税率）

为了符合增值税作为价外税的要求，纳税人在填写进销货及纳税凭证、进行账务处理时，应分项记录不含税销售额、销项税额和进项税额，以正确计算应纳增值税额。然而，在实际工作中，常常会出现一般纳税人将销售货物或者应税劳务采用销售额和增值税额合并定价收取的方法。这样就会形成含税销售额。在计算应纳税额时，如果不将含税销售额换算为不含税销售额，就会导致增值税计税环节出现重复征税现象。因此，一般纳税人销售货物或者应税劳务取得的含税销售额在计算销项税额时必须将其换算为不含税销售额。

（2）特殊销售方式下销售额的确定：

①采取折扣方式销售货物。在经济活动中，纳税人采取的折扣方式一般有折扣销售、销售折扣和销售折让三种形式，不同折扣方式下其计税销售额也有所差别。

折扣销售又称为商业折扣，是指销货方在销售货物或应税劳务时，因购货方购货数量较大等原因而给予购货方的价格优惠。

例如，销货方规定，若购买甲商品50件以上，则按规定价格折扣10%；购买100件以上，则按规定价格折扣20%。此种情况下，销货方的折扣行为和销售行为是同时发生的。因此，税法规定，若销售额和折扣额在同一张发票上分别注明的，可按折扣后的余额作为销售额计算增值税；若将折扣额另开发票，不论其在账务上如何处理，均不得从销售额中减除。

销售折扣又称为现金折扣，是指销货方为了鼓励购货方尽快付款而给予购货方的一种付款折扣优惠。

例如，购货方若在10天之内付款，货款可折扣3%；若在20天之内付款，货款可折扣2%；30天内则需付全款。由于销售折扣发生在销售货物之后，其实质是一种融资性质的理财费用，因此，销售折扣不能从销售额中扣除。

销售折让是指货物售出之后因品种、质量等原因，购货方要求销货方给予一定的价格折让。

销售折让实际上是由于货物品种、质量等不符合要求而造成的销售额的减少，因此，销货方应以减除销售折让后的销售额作为计税销售额。

②采取以旧换新方式销售货物。以旧换新方式是指销货方在销售货物时，有偿收回同类旧货的行为。

一般按新货物的同期销售价格确定计税销售额，不得扣减旧货物的收购额；金银首饰以旧换新业务，按销售方实际收取的不含增值税的全部价款征收增值税。

[案例 2－6] 某商城以旧换新销售 5 台电冰箱，新冰箱每台零售价 3 000 元，旧冰箱每台作价 100 元，每台冰箱收取差价 2 900 元，则该项业务的增值税销项税额＝3 000×5÷（1＋17%）×17%＝2 179.49（元）。

[案例 2－7] 某首饰商城为增值税一般纳税人，2008 年 5 月发生以下业务：采取“以旧换新”方式向消费者销售金项链 2 000 条，新项链每条零售价 0.25 万元，旧项链每条作价 0.22 万元，每条项链取得差价款 0.03 万元，则增值税的销项税额＝2 000×0.03÷（1＋17%）×17%＝8.7（万元）。

③采取以物易物方式销售货物。以物易物是指购销双方不是以货币进行结算，而是以同等价款的货物进行交换，实现货物交易的一种方式。虽然这种方式没有直接涉及货币的收支活动，但其实质是一种购销行为。

以物易物的交易双方都应分别作购买和销售处理，以各自发出的货物核算销售额并计算销项税额，以各自收到的货物按规定核算购货额并计算进项税额。

双方是否能抵扣进项税要看能否取得对方增值税专用发票、是否是换入不能抵扣进项税的货物等因素。

④采取还本销售方式销售货物。还本销售是指将货物销售出去之后，到约定的期限，再由销货方一次或分次将货款部分或全部退还给购货方的销售方式。

这种方式本质上是以提供货物换取还本不付息的一种融资行为。税法规定，其销售额就是货物的销售价格，不得从销售额中扣除还本支出。

⑤销售已使用过的固定资产的税务处理。销售自己使用过的固定资产，应区分不同情形征收增值税：

第一，销售自己使用过的 2009 年 1 月 1 日以后购进或者自制的固

定资产，按照适用税率征收增值税；

第二，2008 年 12 月 31 日以前未纳入扩大增值税抵扣范围试点的纳税人，销售自己使用过的 2008 年 12 月 31 日以前购进或者自制的固定资产，按照 4% 征收率减半征收增值税；

应纳税额 = 销售额 ÷ （1 + 4%） × 4% × 50%

无法确定销售额的，以固定资产净值为销售额。

纳税人销售自己使用过的固定资产的税务处理和计税公式归纳如下，见表 2 - 6：

表 2 - 6　　纳税人销售自己使用过的固定资产政策一览表

纳税人	销售情形	税务处理	计税公式
一般纳税人	2008 年 12 月 31 日以前购进或者自制的固定资产（未抵扣进项税额）	按简易办法：依 4% 征收率减半征收增值税	增值税 = 售价 ÷ （1 + 4%） × 4% ÷ 2
	销售自己使用过的 2009 年 1 月 1 日以后购进或者自制的固定资产	按正常销售货物适用税率征收增值税。 【提示】该固定资产的进项税额在购进当期已抵扣	增值税 = 售价 ÷ （1 + 17%） × 17%
小规模纳税人（除其他个人外）	销售自己使用过的固定资产	减按 2% 征收率征收增值税	增值税 = 售价 ÷ （1 + 3%） × 2%

[案例 2 - 8] 某公司（非转型试点范围）销售自己 2008 年 1 月购入并作为固定资产使用的设备，原购买发票注明价款 360 000 元，增值税 61 200 元。2009 年 4 月出售开具普通发票，票面额 361 920 元，则该企业转让设备行为应纳税：361 920 ÷ （1 + 4%） × 4% × 50% = 6 960（元）。

[案例 2 - 9] 某公司销售自己 2010 年 1 月购入并作为固定资产使用的设备，原购买发票注明价款 360 000 元，增值税 61 200 元，2010 年 4 月出售开具普通发票，票面额 361 920 元，则该企业转让设备行为应纳税：361 920 ÷ （1 + 17%） × 17% = 52 586.67（元）。

[案例 2 - 10] 某公司 2010 年 1 月购入小轿车一辆自用，原购买发票注明价款 360 000 元，增值税 61 200 元，2010 年 5 月出售开具普通发

票转让，票面额361 920元，则该企业转让小轿车行为应纳税额为：

361 920 ÷ （1 +4%） ×4% ×50% =6 960（元）

注意：企业购入的小轿车和不动产不能抵扣进项税额，这与设备类固定资产不同。

(3) 视同销售行为的销售额。纳税人销售价格明显偏低并无正当理由或者有视同销售货物行为而无销售额者，在计算时，视同销售行为的销售额要按照如下规定的顺序来确定，不能随意跨越次序：

①按纳税人最近时期同类货物的平均销售价格确定；

②按其他纳税人最近时期同类货物的平均销售价格确定；

③按组成计税价格确定：

组成计税价格公式一：组成计税价格 = 成本 × （1 + 成本利润率）

公式中的成本是指：销售自产货物的为实际生产成本，销售外购货物的为实际采购成本。用这个公式计算的组成计税价格不涉及消费税。成本利润率使用国家税务总局规定的成本利润率确定。

组成计税价格公式二：组成计税价格 = 成本 × （1 + 成本利润率）+ 消费税

或：组成计税价格 = 成本 ×（1 + 成本利润率）/（1 - 消费税税率）

其组成计税价格公式中的成本利润率为10%。但属于应从价定率征收消费税的货物，其组成计税价格公式中的成本利润率，为《消费税若干具体问题的规定》中规定的成本利润率。公式中的成本是指：销售自产货物的为实际生产成本，销售外购货物的为实际采购成本。公式中的成本利润率由国家税务总局确定。属于应征消费税的货物，其组成计税价格中应加计消费税额，这里的消费税额包括从价计算、从量计算、复合计算的全部消费税额。

(4) 进项税额的计算。纳税人购进货物或者接受应税劳务所支付或者负担的增值税额为进项税额。进项税额是与销项税额相对应的一个概念。在开具增值税专用发票的情况下，它们之间的对应关系是销售方收取的销项税额，就是购买方支付的进项税额。对于任何一个一般纳税人而言，由于其在经营活动中既会发生销售货物或提供应税劳务，又会发生购进货物或接受应税劳务，因此，每一个一般纳税人都会有收取的销项税额和支付的进项税额。

[案例2 -11] 某公司向甲公司购进甲货物100件，金额为1万元，

但该公司实际上要付给对方是 10 000 + 10 000 × 17%（假设增值税税率为 17%）= 1.17（万元）。这 1 700 元增值税对该公司来说就是"进项税额"。若该公司把购进的 100 件货物加工成乙产品 80 件，出售给乙公司，取得销售额 1.5 万元，该公司要向乙公司收取的乙产品货款是 15 000 + 15 000 × 17% = 17 550（元），因为乙公司这时作为消费者也应该向该公司支付 2 550 元的增值税款，这就是该公司的"销项税额"。

增值税的核心是用纳税人收取的销项税额抵扣其支付的进项税额，其余额为纳税人实际应缴纳的增值税额。这样，进项税额作为可抵扣的部分，对纳税人实际税负产生举足轻重的作用。需要注意的是，并不是纳税人支付的所有进项税额都可以从销项税额中抵扣。当纳税人购进的货物或接受的应税劳务不是用于增值税应税项目，而是用于增值税非应税项目、免税项目或用于集体福利、个人消费等情况时，其支付的进项税额就不能从销项税额中抵扣。税法对不能抵扣进项税额的项目作了严格规定，如果违反税法规定，随意抵扣进项税额将以偷税论处。因此，严格把握哪些进项税额可以抵扣，哪些进项税额不能抵扣是十分重要的，这些方面也是纳税人在增值税纳税实务中出现差错最多的地方。因此，准确把握进项税额抵扣范围和相关要求，能够降低企业生产经营环节中的税务风险。

①准予从销项税额中抵扣的进项税额。根据税法规定，准予从销项税额中抵扣的进项税额，限于下列增值税扣税凭证上注明的增值税税额和按规定的扣除率计算的进项税额。

②纳税人进口货物，凡已缴纳了进口环节增值税的，不论其是否已经支付货款，取得的海关完税凭证均可作为增值税进项税额抵扣凭证，在规定的期限内申报抵扣进项税额。

纳税人丢失海关完税凭证，应当凭海关出具的相关证明，向主管税务机关提出抵扣申请。主管税务机关受理申请后，应当进行审核，并将纳税人提供的海关完税凭证电子数据纳入稽核系统比对，稽核比对无误后，可允许抵扣进项税额。

③增值税一般纳税人购进农业生产者销售的农业产品，或者向小规模纳税人购买的农产品，按照支付给农业生产者的价款和按规定代收代缴的农业特产税作为买价，并按买价 13% 的扣除率计算进项税额，从当期销项税额中扣除。其进项税额的计算公式为：

准予抵扣的进项税额 = 买价 × 扣除率

免税农产品指那些由农业生产者销售的自产农业产品，这里所说的免税是指在农业生产者销售自产农业产品时，农业生产者免缴增值税。在这种情况下，收购者不可能取得销售方的增值税专用发票。收购者按规定计算抵扣进项税时，按税务机关批准使用的专用收购凭证上注明价款的 13% 计算抵扣进项税。

[案例 2－12] 某企业收购一批免税农产品用于生产，在税务机关批准使用的专用收购凭证上注明价款 700 000 元，其可计算抵扣多少增值税进项税？记账采购成本是多少？

解析：可抵扣税额为：700 000 × 13% ＝91 000（元）

采购成本为：700 000 －91 000 ＝609 000（元）

由于取消了农业税，因此现行的农业特产税即为烟叶税，则买价为发票注明的价款和烟叶税之和。

烟叶收购金额 = 烟叶收购价款 ×（1 +10%）

烟叶税应纳税额 = 烟叶收购金额 × 税率（20%）

准予抵扣进项税 =（烟叶收购金额 + 烟叶税应纳税额）× 扣除率（13%）

公式合并成：准予抵扣进项税 = 烟叶收购价款 ×（1 + 10%）×（1 +20%）×13% = 烟叶收购价款 ×17.16%

[案例 2－13] 某卷烟厂 2010 年 6 月收购烟叶生产卷烟，收购凭证上注明价款 150 万元，并向烟叶生产者支付了价外补贴。该卷烟厂 6 月份收购烟叶可抵扣的进项税额是多少？

解析：烟叶收购金额 = 150 ×（1 + 10%）= 165（万元）；烟叶税应纳税额 = 165 ×20% = 33（万元）；准予抵扣进项税 =（165 +33）×13% =25.74（万元）。

如果该纳税人按照规定标准支付了价外补贴和烟叶税，则烟叶收购成本 = 实际收购价款 + 实际价外补贴 + 实际烟叶税 － 计算出的进项税

④运输费用计算抵扣进项税问题。增值税一般纳税人购进或者销售货物以及在生产经营过程中支付的运输费用，按照运费费用结算单据上注明的运输费用金额和 7% 的扣除率计算进项税额，并允许从当期销项税额中抵扣。

准予抵扣的进项税额 = 运费 × 扣除率（7%）

这里所说的运输费用，是指运输费用结算单据上注明的运输费用（包括铁路临管线及铁路专线运输费用）、建设基金，不包括装卸费、保险费等其他杂费。即随同运费支付的装卸费、保险费等其他杂费不得计算扣除进项税额。

准予计算进项税额扣除的运输费，不包括购买或销售免税货物（购进免税农产品除外）的运输费。

[案例 2－14] 某企业采购原材料支付运杂费共计 3 000 元，取得运输发票上注明运输费 2 400 元、建设基金 240 元、保险费 60 元、装卸费 300 元。其可计算抵扣多少增值税进项税？记入采购成本的运输费是多少？

解析：抵扣进项税额为：(2 400＋240) ×7% ＝184.8（元）

记入采购成本的运输费用为：3 000－184.8＝2 815.2（元）

按规定对运费计算抵扣进项税额时，按运费发票上注明的运输费金额和建设基金金额的 7% 计算抵扣进项税额。如果发票所列项目不能把运输费与其他杂费分开，则不可计算抵扣进项税额。

[案例 2－15] 某企业收购一批免税农产品用于生产，在农产品收购发票上注明价款 2 100 000 元，支付运输公司运送该批货物回厂的运费 42 000 元，该企业此项业务可计算抵扣增值税进项税额＝2 100 000×13% ＋42 000×7% ＝275 940（元）。

关于运输费抵扣进项税额问题归纳如表 2－7 所示。

表 2－7　　纳税人运费抵扣政策一览表

具体业务		能否抵扣进项税额
纳税人购买原材料（非免税）支付的运输费		可计算抵扣
纳税人销售产品（非免税）支付的运输费		可计算抵扣
纳税人购买设备的运输费		可计算抵扣
纳税人代垫运费	符合不计入销售额条件的代垫运费	不计销项税，不得计算抵扣进项税
	不符合条件的代垫运费	计算销项税，可计算抵扣进项税

(5) 不得从销项税额中抵扣的进项税额：

①用于非增值税应税项目、免征增值税项目、集体福利或者个人消费的购进货物或者应税劳务。购进货物，不包括既用于增值税应税项目

（不含免征增值税项目）也用于非增值税应税项目、免征增值税（以下简称免税）项目、集体福利或者个人消费的固定资产。

这里所说的固定资产，是指使用期限超过12个月的机器、机械、运输工具以及其他与生产经营有关的设备、工具、器具等。

所谓非增值税应税项目，是指提供非增值税应税劳务、转让无形资产、销售不动产和不动产在建工程。此处的不动产是指不能移动或者移动后会引起性质、形状改变的财产，包括建筑物、构筑物和其他土地附着物。纳税人新建、改建、扩建、修缮、装饰不动产，均属于不动产在建工程。

[案例2-16] 某制造设备的生产企业2009年业务如下（所含该抵税的凭证均经过认证）：

第一，购入一批原材料用于生产，价款100 000元，增值税17 000元；

第二，外购一批床单用于职工福利，价款5 000元，增值税850元；

第三，外购一批涂料用于装修办公室，价款25 000元，增值税4 250元；

第四，外购一批食品用于交际应酬，价款1 500元，增值税255元；

第五，外购一批办公用品用于管理部门使用，价款2 000元，增值税340元。

则该企业当月可抵扣的增值税进项税 = 17 000 + 340 = 17 340（元）

②非正常损失的购进货物及相关的应税劳务。所谓非正常损失，是指因管理不善造成被盗、丢失、霉烂变质的损失。提醒读者注意的是，自然灾害和不可抗力因素所造成的损失不再作为非正常损失。

[案例2-17] 某服装厂数月前外购一批面料因保管不善毁损，账面成本30 000元，则应作进项税转出30 000×17% = 5 100（元）。

③非正常损失的在产品、产成品所耗用的购进货物或者应税劳务。

[案例2-18] 某服装厂的一批产成品服装因保管不善毁损，外购比例60%，账面成本70 000元，则应作进项税转出70 000×60%×17% = 7 140（元）。

④国务院财政、税务主管部门规定的纳税人自用消费品。

纳税人自用的应征消费税的摩托车、汽车、游艇，其进项税额不得从销项税额中抵扣。

⑤第①项至第④项规定的货物的运输费用和销售免税货物的运输费用。

纳税人自用的应征消费税的摩托车、汽车、游艇，其进项税额不得从销项税额中抵扣。其支付的运输费用也不能抵扣进项税。

⑥纳税人购进货物或者应税劳务，未按照规定取得并保存增值税扣税凭证，或者增值税扣税凭证上未按照规定注明增值税额及其他有关事项的，其进项税额不得从销项税额中抵扣。

⑦一般纳税人兼营免税项目或者非增值税应税劳务而无法划分不得抵扣的进项税额的，按下列公式计算不得抵扣的进项税额：

不得抵扣的进项税额 = 当月无法划分的全部进项税额 × 当月免税项目销售额、非增值税应税劳务营业额合计 ÷ 当月全部销售额、营业额合计

知识链接

购进货物是否可抵进项税

对比货物来源区分两类情况：一类是属于视同销售计销项税，可相应抵扣其符合规定的进项税。另一类是属于不可抵扣进项税，但不计算销项税，见表 2－8：

表 2－8

货物来源	货物去向	
	职工福利、个人消费、非应税项目（企业内部）	投资、分红、赠送（企业外部）
购人	不计进项	视同销售计销项（可抵进项）
自产或委托加工	视同销售计销项（可抵进项）	视同销售计销项（可抵进项）

［**案例 2－19**］ 某厂外购一批材料用于应税货物的生产，取得增值税专用发票，价款 30 000 元，增值税 5 100 元；外购一批材料用于应税

和免税货物的生产，价款 60 000 元，增值税 10 200 元，当月应税货物销售额 150 000 元，免税货物销售额 210 000 元，则当月不可抵扣的进项税额为：10 200×210 000÷（150 000+210 000）=5 949.99（元）。

 知识链接

表 2-9

不得抵扣增值税进项税的两类处理	
第一类，购入时不予抵扣：直接计入购货的成本	第二类，已抵扣后改变用途、发生损失、出口不得免抵退税额：做进项税转出处理
【案例】某企业购入一批材料用于在建工程，增值税发票注明价款 100 000 元，增值税 17 000元，则该企业不得抵扣增值税进项税。该批货物采购成本为 117 000 元	【案例】某企业将数月前外购的一批生产用材料改变用途，用于职工福利，账面成本 10 000 元，则需要做进项税转出 10 000×17%=1 700（元）。 【案例】某企业将一批以往购入的材料毁损，账面成本 12 465 元（含运费 465 元），其不能抵扣的进项税为：（12 465－465）×17%+465÷（1－7%）×7%=2 040+35=2 075（元）。 由于运输费 465 元是按 7% 扣除率计算过进项税后的余额，所以要还原成计算进项税的基数来计算进项税转出

（6）几个特殊计算规则：

①扣减当期销项税额的规定。一般纳税人因销货退回和折让而退还给购买方的增值税额，应从发生销货退回或折让当期的销项税额中扣减。

②扣减当期进项税额的规定：

第一，一般纳税人因进货退回和折让而从销货方收回的增值税额，应从发生进货退回或折让当期的进项税额中扣减。如不按规定扣减，造成进项税额虚增，不纳或少纳增值税的。属于偷税行为，按偷税予以处罚。

第二，对商业企业向供货方收取的与商品销售量、销售额挂钩（如以一定比例、金额、数量计算）的各种返还收入，均应按平销返利行为的有关规定冲减当期增值税进项税额。

③进项税额不足抵扣的税务处理：

[**案例 2－20**] 某生产企业为增值税一般纳税人，2010 年 2 月发生下列业务，计算其应纳增值税额：

①销售甲产品给某大商场，开具增值税专用发票，取得不含税销售额 80 万元；另外，开具普通发票，取得销售甲产品的送货运输费收入 5.85 万元。

②销售乙产品，开具普通发票，取得含税销售额 29.25 万元。

③将试制的一批应税新产品用于本企业基建工程，成本价为 20 万元，成本利润率为 10%，该新产品无同类产品市场销售价格。

④购进货物取得增值税专用发票，注明支付的货款 60 万元、进项税额 10.2 万元；另外支付购货的运输费用 6 万元，取得运输公司开具的普通发票。

⑤向农业生产者购进免税农产品一批，支付收购价 30 万元，支付给运输单位的运费 5 万元，取得相关的合法票据。本月下旬将购进的农产品的 20% 用于本企业职工福利（以上相关票据均符合税法的规定）。

解析：根据上述资料计算增值税额如下：

①销项税额 = 80 × 17% + 5.85 ÷ （1 + 17%） × 17% = 14.45（万元）

②销项税额 = 29.25 ÷ （1 + 17%） × 17% = 4.25（万元）

③销项税额 = 20 × （1 + 10%） × 17% = 3.74（万元）

④进项税额 = 10.2 + 6 × 7% = 10.62（万元）

⑤进项税额 = （30 × 13% + 5 × 7%） × （1 − 20%） = 3.4（万元）

则该企业 2010 年 2 月份应缴纳的增值税额为：

14.45 + 4.25 + 3.74 − 10.62 − 3.4 = 8.42（万元）

[**案例 2－21**] 某进出口公司当月进口办公设备 500 台，每台进口完税价格 1 万元，委托运输公司将进口办公用品从海关运回本单位，支付运输公司运输费用 9 万元，取得了运输公司开具的普通发票。当月以每台 1.8 万元的含税价格售出 400 台，为全国运动会捐赠 2 台。另支付销货运输费 1.3 万元（有运输发票）。计算该企业当月应纳增值税。（假设进口关税税率为 15%。）

解析：根据上述资料，应纳增值税额计算如下：

①进口货物进口环节应纳增值税 = 1 ×（1 + 15%）× 500 × 17%

= 97.75（万元）

②当月销项税额 =(400 +2)×[1.8 ÷(1 +17%)]×17%

=105.1385（万元）

③当月进项税额 =97.75 + 9 ×7% +1.3 ×7% =94.471（万元）

④当月应纳增值税 =105.1385 −94.471 =10.6675（万元）

[案例2 −22] 某商业企业是增值税一般纳税人，2010 年 4 月初留抵税额 2 000 元，4 月发生下列业务：

①购入商品一批，取得认证税控发票，价款 10 000 元，税款 1 700 元；

②3 个月前从农民手中收购的一批粮食毁损，账面成本 5 220 元；

③从农民手中收购大豆 1 吨，税务机关规定的收购凭证上注明收购款 1 500 元；

④从小规模纳税人处购买商品一批，取得税务机关代开的发票，价款 30 000 元，税款 900 元，款已付，货物未入库，发票已认证；

⑤购买建材一批用于修缮仓库，价款 20 000 元，税款 3 400 元；

⑥零售日用商品，取得含税收入 150 000 元；

⑦将两个月前购入的一批布料捐赠受灾地区，账面成本 20 000 元，同类不含税销售价格 30 000 元。

⑧外购电脑 20 台，取得增值税发票，每台不含税单价 6 000 元，购入后 5 台办公使用，5 台捐赠希望小学，另 10 台全部零售，零售价每台 8 000 元。

假定相关可抵扣进项税的发票均经过认证，要求计算：

①当期全部可从销项税中抵扣的增值税进项税合计数（考虑转出的进项税）；

②当期增值税销项税；

③当期应纳增值税。

解析：根据上述资料，应纳增值税额计算如下：

①当期购进商品进项税额 =1 700 +1 500 ×13% +900 +6 000 ×20 ×17% =23 195（元）

粮食毁损进项税额转出额 =5 220 ÷(1 −13%)×13% =780（元）

当期可抵扣的进项税额 =23 195 −780 +2 000（上期留抵）

=24 415（元）

②当期销项税额 = [150 000 +8 000 ×（10 +5）] ÷（1 +17%）×17% +30 000 ×17% =44 330.77（元）

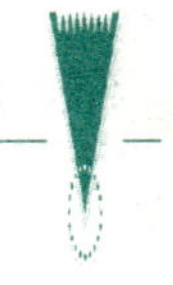

③当期应纳税额 =44 330.77 - 24 415 =19 915.77（元）

2.5.2 小规模纳税人应纳税额的计算

（1）应纳税额的计算公式。小规模纳税人销售货物或者应税劳务，按照销售额和 3% 的征收率计算应纳税额，不得抵扣进项税额。应纳税额计算公式为：

①基本公式：应纳税额 = 销售额 × 征收率

②含税销售额的换算：不含税销售额 = 含增值税销售额 ÷（1 + 征收率）

小规模纳税人取得的销售额与一般纳税人的销售额所包含的内容是一致的，都是销售货物或提供增值税应税劳务向购买方收取的全部价款和价外费用，但是不包括按 3% 的征收率收取的增值税额。

由于小规模纳税人在销售货物或提供应税劳务时，只能开具普通发票，取得的销售收入均为含税销售额。为了符合增值税作为价外税的要求，小规模纳税人在计算应纳税额时，必须将含税销售额换算为不含税的销售额后才能计算应纳税额。

小规模纳税人不得抵扣进项税额，因为其会计核算不健全，不能准确核算销项税额和进项税额，不实行按销项税额抵扣进项税额求得应纳税额的税款抵扣制度，而实行简易计税办法。《增值税暂行条例》规定 3% 的征收率，是结合增值税 17% 和 13% 两档税率的货物或应税劳务的环节税收水平设计的，其税收负担和一般纳税人基本一致，因此，不能再抵扣进项税额。

小规模纳税人（除其他个人外）销售自己使用过的固定资产，减按 2% 的征收率征收增值税；小规模纳税人销售自己使用过的除固定资产以外的物品，应按 3% 的征收率征收增值税。

（2）起征点。对于个人来说，在计算应纳税额时还需要考虑起征点，增值税起征点的幅度规定如下：

①销售货物的，为月销售额 2 000 ~5 000 元；

②销售应税劳务的，为月销售额 1 500 ~3 000 元；

③按次纳税的，为每次（日）销售额 150 ~200 元。

省、自治区、直辖市财政厅（局）和税务局应在规定的幅度内，根据实际情况确定本地区适用的起征点，并报财政部、国家税务总局备

案。

[案例2－23] 某生产企业属增值税小规模纳税人，2009年6月对部分资产盘点后进行处理：销售边角余料，由税务机关代开增值税专用发票，取得含税收入82 400元；销售使用过的小汽车1辆，取得含税收入144 200元（原值为280 000元）。

该企业上述业务应缴纳增值税为：82 400/(1＋3%)×3%＋144 200÷(1＋3%)×2%＝2 400＋2 800＝5 200（元）。

[案例2－24] 某商店为增值税小规模纳税人，2009年2月取得零售收入总额12.36万元。计算该商店2月应缴纳的增值税额。

2月取得的不含税销售额为：

12.36÷（1＋3%）＝12（万元）

2月应缴纳增值税额为：

12×3%＝0.36（万元）

2.6 增值税的征收管理

2.6.1 纳税时间

纳税义务发生时间是纳税人发生应税行为应当承担纳税义务的起始时间。销售货物或者应税劳务的纳税义务发生时间，按销售结算方式的不同，具体规定如下：

（1）采取直接收款方式销售货物，不论货物是否发出，均为收到销售款或者取得索取销售款凭据，并将提货单交给买方的当天。

（2）采取托收承付和委托银行收款方式销售货物，为发出货物并办妥托收手续的当天。

（3）采取赊销和分期收款方式销售货物，为书面合同约定的收款日期的当天，无书面合同的或者书面合同没有约定收款日期的，为货物发出的当天。

（4）采取预收货款方式销售货物，为货物发出的当天，但生产销

售生产工期超过12个月的大型机械设备、船舶、飞机等货物，为收到预收款或者书面合同约定的收款日期的当天。

(5) 委托其他纳税人代销货物，为收到代销单位的代销清单或者收到全部或者部分货款的当天；未收到代销清单及货款的，为发出代销货物满180天的当天。

(6) 销售应税劳务，为提供劳务同时收讫销售款或者取得索取销售款凭据的当天。

(7) 纳税人发生视同销售货物行为的，为货物移送的当天。

(8) 进口货物，为报关进口的当天。

2.6.2 纳税地点

固定业户应当向其机构所在地的主管税务机关申报纳税。总机构和分支机构不在同一县（市）的，应当分别向各自所在地的主管税务机关申报纳税；经国务院财政、税务主管部门或者其授权的财政、税务机关批准，可以由总机构汇总向其机构所在地的主管税务机关申报纳税。

固定业户到外县（市）销售货物或者提供应税劳务，应当向其机构所在地的主管税务机关申请开具外出经营活动税收管理证明，并向其机构所在地的主管税务机关申报纳税；未开具证明的，应当向销售地或者劳务发生地的主管税务机关申报纳税；未向销售地或者劳务发生地的主管税务机关申报纳税的，由其机构所在地的主管税务机关补征税款。

非固定业户销售货物或者提供应税劳务，应当向销售地或者劳务发生地的主管税务机关申报纳税；未向销售地或者劳务发生地的主管税务机关申报纳税的，由其机构所在地或者居住地的主管税务机关补征税款。

企业进口货物，应当向报关地海关申报纳税。扣缴义务人应当向其机构所在地或者居住地的主管税务机关申报缴纳其扣缴的税款。

扣缴义务人应当向其机构所在地或者居住地的主管税务机关申报缴纳其扣缴的税款。

2.6.3 纳税期限

增值税的纳税期限分别为1日、3日、5日、10日、15日、1个月或者1个季度。纳税人的具体纳税期限，由主管税务机关根据纳税人应

纳税额的大小分别核定；不能按照固定期限纳税的，可以按次纳税。

纳税人以一个季度或一个月为一期纳税的，自期满之日起15日内申报纳税；以1日、3日、5日、10日或者15日为一期纳税的，自期满之日起5日内预缴税款。于次月1日起15日内申报纳税并结清上月应纳税款。

纳税人进口货物，应当自海关填发税款缴纳书之日起15日内缴纳税款。

第 3 章

消　费　税

3.1

消费税基础

3.1.1　消费税的概念

消费税是对在我国境内从事生产、委托加工和进口应税消费品的单位和个人征收的一种税。它是在对货物普遍征收增值税的基础上，选择少数消费品再征收的一道流转税，目的是调节产品结构，引导消费方向，同时保证国家财政收入。确切地说，消费税是对特定的消费品和消费行为在特定环节征收的一种税，属于流转税范畴。

3.1.2　消费税的特点

（1）征税范围具有选择性。消费税是对特定消费品征收的一种税。我国消费税目前主要包括了过度消费会对人类健康、社会秩序、生态环境等造成危害的特殊消费品、奢侈品、高能耗及高档消费品、不可再生的资源消费品和税基宽广、消费普遍、不影响人民群众生活水平，但又具有一定财政意义的普通消费品，共计 14 个

税目。

（2）征税环节具有单一性。消费税在生产、委托加工、零售、进口或批发的某一环节一次性征收，即通常所说的一次课征制。如汽车厂家将汽车销售给某汽车商贸公司、汽车商贸公司再销售给消费者的经营行为中，汽车厂家在销售给某汽车商贸公司这一环节征收消费税，汽车商贸公司再销售给消费者时不再征收消费税。

（3）税收调节具有特殊性。消费税属于国家运用税收杠杆对某些消费品进行特殊调节的税种。这一特殊性表现在两个方面：一是不同的征税项目税负差异较大，对需要限制或控制消费的消费品规定较高的税率，体现特殊的调节目的；二是消费税往往同有关税种配合实行加重或双重调节，如通过与增值税配合，对某些需要特殊调节的消费品在征收增值税的同时，再征收一道消费税，从而形成了一种交叉调节的间接税体系。

（4）征收方法具有灵活性。消费税在征收方法上比较灵活，针对不同的税目，采用从量定额、从价定率或从价从量复合不同的计税方法。

（5）税负具有转嫁性。消费税是对消费应税消费品的课税。因此，税负归宿应为消费者。但为了简化征收管理，我国消费税直接以应税消费品的生产经营者为纳税人，于生产销售环节、进口环节或零售环节缴纳税款，并成为商品价格的一个组成部分向购买者收取，消费者为税负的负担者。

3.2 消费税的法律规定

3.2.1 纳税人与征税范围

消费税的纳税人是在我国境内从事生产、委托加工和进口应税消费品的单位和个人，以及国务院确定的销售《中华人民共和国消费税暂行条例》（以下简称《消费税暂行条例》）规定的消费品的其他单位和

个人。消费税的纳税人具体规定如表 3－1 所示：

表 3－1 消费税纳税人具体规定

消费税的纳税人		纳税义务时间
生产应税消费品的单位和个人	自产销售	纳税人销售时纳税
	自产自用	纳税人自产自用的应税消费品，用于连续生产应税消费品的，不纳税；用于其他方面的，于移送使用时纳税
进口应税消费品的单位和个人		进口报关单位或个人为消费税的纳税人，进口消费税由海关代征
委托加工应税消费品的单位和个人		委托加工的应税消费品，除受托方为个人外，由受托方在向委托方交货时代收代缴税款
零售金银首饰、钻石、钻石饰品的单位和个人		生产、进口和批发金银首饰、钻石、钻石饰品时不征收消费税，纳税人在零售时纳税

小贴士

消费税与增值税的关系

消费税与增值税构成流转额交叉征税（双层征收）的格局。缴纳增值税的货物并不都缴纳消费税，而缴纳消费税的货物都是增值税征收范围的货物，都同时缴纳增值税，且属于增值税 17% 税率的货物的范围，不涉及低税率，但若是增值税小规模纳税人，会涉及增值税的征收率。消费税除了上述征税对象范围方面与增值税有差异外，还存在如下差异，见表 3－2：

表 3－2 消费税与增值税的差异

差异方面	增值税	消费税
征税范围	（1）销售或进口的货物； （2）提供加工、修理修配劳务	（1）生产应税消费品 （2）委托加工应税消费品 （3）进口应税消费品 （4）零售应税消费品

续表

差异方面	增值税	消费税
纳税环节	多环节征收，同一货物在生产、批发、零售、进出口多环节征收	纳税环节相对单一：在零售环节交税的金银首饰、钻石、钻石饰品在生产、批发、进口环节不交消费税。其他在进口环节、生产（出厂环节；特殊为移送环节）交消费税的消费品在之后批发、零售环节不再交纳消费税
计税依据	计税依据具有单一性，只有从价定率计税	计税依据具有多样性，包括从价定率计税、从量定额计税、复合计税
与价格的关系	增值税属于价外税	消费税属于价内税
税收收入的归属	进口环节海关征收的增值税全部属于中央；其他环节税务机关征收的增值税收入由中央地方共享	消费税属于中央税

3.2.2 税目与税率

（1）税目。按照《消费税暂行条例》规定，我国现行消费税共设14个税目、若干子目。分为三种计税方式，分别为比例税率、定额税率和复合计税。消费税税目税率（税额）如表3－3所示。

表3－3　　消费税税目税率（税额）表

税　　目	从量征税的计税单位	税率（税额）
一、烟		
1. 卷烟（复合计税）		
定额税率	每标准箱（50 000支）	150元
比例税率	甲类：每标准条（200支）调拨价格≥70元	56%
	乙类：每标准条（200支）调拨价格<70元	36%
2. 雪茄烟		36%
3. 烟丝		30%

续表

税　　目	从量征税的计税单位	税率（税额）
二、酒及酒精		
1. 粮食、薯类白酒（复合计税）		
定额税率	500 克或 500 毫升	0.5 元
比例税率		20%
2. 黄酒	吨	240 元
3. 啤酒	甲类：每吨出厂价格≥3 000 元	250 元
	乙类：每吨出厂价格 <3 000 元	220 元
	娱乐业和餐饮业自制的每吨	250 元
4. 其他酒		10%
5. 酒精		5%
三、化妆品		30%
四、贵重首饰及珠宝玉石	金银首饰、铂金首饰和钻石及钻石饰品	5%
	其他贵重首饰和珠宝玉石	10%
五、鞭炮、焰火		15%
六、成品油	含铅汽油	1.40 元/升
	无铅汽油、石脑油、溶剂油、润滑油	1.00 元/升
	柴油、航空煤油、燃料油	0.80 元/升
七、汽车轮胎		3%
八、摩托车	气缸容量（排气量，下同）在 250 毫升（含 250 毫升）以下的	3%
	汽缸容量在 250 毫升以上的	10%
九、小汽车	气缸容量（排气量，下同）在 1.0 升（含 1.0 升）以下的乘用车（下同）	1%
	气缸容量在 1.0 升以上至 1.5 升（含 1.5 升）的	3%
	气缸容量在 1.5 升以上至 2.0 升（含 2.0 升）的	5%
	气缸容量在 2.0 升以上至 2.5 升（含 2.5 升）的	9%
	气缸容量在 2.5 升以上至 3.0 升（含 3.0 升）的	12%
	气缸容量在 3.0 升以上至 4.0 升（含 4.0 升）的	25%
	气缸容量在 4.0 升以上的	40%
	中轻型商用客车	5%

续表

税　　目	从量征税的计税单位	税率（税额）
十、高尔夫球及球具		10%
十一、高档手表	（10 000 元及以上/只）	20%
十二、游艇		10%
十三、木制一次性筷子		5%
十四、实木地板		5%

知识链接

卷烟消费税改革

（1）卷烟分类标准：财税［2009］84 号规定：每标准条调拨价格 70 元/条（含 70 元）以上的为甲类卷烟，其余为乙类卷烟。

（2）卷烟从价税率：财税［2009］84 号规定：甲类卷烟税率调整为 56%，乙类卷烟的消费税税率调整为 36%，雪茄烟的消费税税率调整为 36%。

（3）卷烟消费税征收环节：财税［2009］84 号规定：在卷烟批发环节加征一道从价税，税率 5%。即在中华人民共和国境内从事卷烟批发业务的单位和个人，凡是批发销售的所有牌号规格卷烟的，都要按批发卷烟的销售额（不含增值税）乘以 5% 的税率缴纳批发环节的消费税。

知识链接

白酒消费税的最新政策：计税价格的确定

《国家税务总局关于加强白酒消费税征收管理的通知》（国税函［2009］380 号）规定，自 2009 年 8 月 1 日起，白酒生产企业销售给销售单位（销售公司、购销公司以及委托境内其他单位或个人包销本企业生产白酒的商业机构）的白酒，生产企业消费税计税价格低于销售单位对外销售价格（不含增值税，下同）70% 以下的，税务机关应核定消费税最低计税价格。核定标准：

（1）生产企业销售给销售单位的白酒，生产企业消费税计税价格高于销售单位对外销售价格 70%（含）以上的，暂不核定消费税最低计税价格。

（2）生产企业销售给销售单位的白酒，生产企业消费税计税价格低于销售单位对外销售价格 70% 以下的，消费税最低计税价格由税务机关根据生产规模、白酒品牌、利润水平等情况在销售单位对外销售价格 50% ~70% 范围内自行核定。其中生产规模较大，利润水平较高的企业生产的需要核定消费税最低计税价格的白酒，税务机关核价幅度原则上应选择在销售单位对外销售价格 60% ~70% 范围内。

（3）对账证不全的小酒厂白酒消费税采取核定征收方式。

这里要注意几点：

（1）层级核定计税价格。白酒生产企业申报的销售给销售单位的消费税计税价格低于销售单位对外销售价格 70% 以下、年销售额 1 000万元以上的各种白酒，在规定的时限内逐级上报至国家税务总局，国家税务总局选择其中部分白酒核定消费税最低计税价格。除国家税务总局已核定消费税最低计税价格的白酒外，其他需要核定消费税最低计税价格的，由各省、自治区、直辖市和计划单列市国家税务局核定。

（2）从高适用计税价格。已核定最低计税价格的白酒，生产企业实际售价高于消费税最低计税价格的，按实际售价申报纳税；实际售价低于消费税最低计税价格的，按最低计税价格申报纳税。

（3）重新核定计税价格。销售单位对外销售价格持续上涨或下降时间达到 3 个月以上、累计上涨或下降幅度在 20%（含）以上的白酒，税务机关应重新核定最低计税价格。

（2）税率。消费税的税率有两种形式：一种是比例税率；一种是定额税率，即单位税额。消费税税率形式的选择，主要是根据课税对象的具体情况来确定的，对一些供求基本平衡，价格差异不大，计量单位规范的消费品，选择计税简便的定额税率，如黄酒、啤酒、汽油、柴油等；对一些供求矛盾突出、价格差异较大，计量单位不规范的消费品，选择价税联动的比例税率，如卷烟、化妆品等。

3.3 消费税的计税依据

3.3.1 计税销售额的确定

销售额是纳税人销售应税消费品向购买方收取的全部价款和价外费用，包括消费税但不包括增值税。

价外费用是指价外收取的基金、集资费、返还利润、补贴、违约金（延期付款利息）和手续费、包装费、包装物租金、储备费、优质费、运输装卸费、代收款项、代垫款项以及其他各种性质的价外收费。但下列项目不包括在内：

（1）同时符合以下条件的代垫运输费用：

①承运部门的运输费用发票开具给购买方的；

②纳税人将该项发票转交给购买方的。

（2）同时符合以下条件的代为收取的政府性基金或行政事业收费：

①由国务院或者财政部批准设立的政府性基金，由国务院或者省级人民政府及其财政、价格主管部门批准设立的行政事业性收费；

②收取时开具省级以上财政部门印制的财政票据；

③所收款项全部上缴财政。

计算消费税的价格中如含有增值税税金时，应换算为不含增值税的销售额。换算公式为：

应税消费品的销售额 = 含增值税的销售额（以及价外费用）÷（1 + 增值税的税率或征收率）

如果消费税纳税人属于增值税一般纳税人，就按 17% 的增值税税率使用上述换算公式计算；如果属于小规模纳税人，按规定不得开具增值税专用发票，就要按征收率使用换算公式。征收率 2009 年起为 3%。

3.3.2 包装物的计税问题

包装物的计税方式如表 3－4 所示：

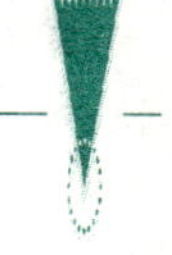

表 3－4　　包装物的计税方式

计税方式	包装物状态
直接并入销售额计税	①应税消费品连同包装物销售的，无论包装物是否单独计价，也不论在会计上如何核算，均应并入应税消费品的销售额中征收消费税。 ②对酒类产品生产企业销售酒类产品而收取的包装物押金，无论押金是否返还及会计上如何核算，均应并入酒类产品销售额中征收消费税
逾期并入销售额计税	对收取押金（酒类以外）的包装物，未到期押金不计税。但对逾期未收回的包装物不再退还的和已收取 12 个月以上的押金，应并入应税消费品的销售额，按照应税消费品的适用税率征收消费税

3.3.3　销售数量的确定

销售数量是指纳税人生产、加工和进口应税消费品的数量。具体规定为：

（1）销售应税消费品的，为应税消费品的销售数量。

（2）自产自用应税消费品的，为应税消费品的移送使用数量。

（3）委托加工应税消费品的，为纳税人收回的应税消费品数量。

（4）进口的应税消费品，为海关核定的应税消费品进口征税数量。

3.3.4　复合计征的计税依据

现行消费税的征税范围中，只有卷烟、粮食白酒、薯类白酒采用复合计征方法。应纳税额等于应税销售数量乘以定额税率再加上应税销售额乘以比例税率。生产销售卷烟、粮食白酒、薯类白酒从量定额计税依据为实际销售数量。进口、委托加工、生产自用卷烟、粮食白酒、薯类白酒从量定额计税依据分别为海关核定的进口征税数量、委托方收回数量、移送使用数量。

3.3.5　兼营不同税率应税消费品的税务处理

纳税人生产应税消费品，如果不是单一经营某一税率的产品，而是经营多种不同税率的产品，这就是兼营行为。纳税人兼营不同税率的应税消费品，应当分别核算不同税率应税消费品的销售额、销售数量。未分别核算销售额、销售数量，或者将不同税率的应税消费品组成成套消费品销售的，从高适用税率。

3.4 消费税应纳税额的计算

3.4.1 自产自销消费品消费税的计算

（1）从价定率法。在从价定率计算方法下，应纳消费税额等于销售额乘以适用税率。基本计算公式为：

应纳税额 = 销售额 × 税率

[案例 3－1] 某化妆品生产企业为增值税一般纳税人，7 月份发生业务如下：向某大型商场销售化妆品一批，开具增值税专用发票，发票注明价款 30 万元，增值税额 5.1 万元；向某单位销售化妆品一批，开具普通发票，取得含增值税销售额 4.68 万元。计算该化妆品生产企业上述业务应缴纳的消费税额。

应纳消费税额 = ［30 + 4.68 ÷（1 + 17%）］× 30%

= 10.2（万元）

（2）从量定额法。在从量定额计算方法下，应纳税额等于应税消费品的销售数量乘以单位税额。基本计算公式为：

应纳税额 = 单位税额 × 销售数量

[案例 3－2] 某农场自己的酒厂利用自产和收购的粮食生产黄酒。酒厂向外销售黄酒 10 吨，每吨价格 1 638 元，价款总计 16 380 元，款项未收。计算该批黄酒应纳消费税额。

应纳消费税额 = 10 × 240 = 2 400（元）

（3）从价定率和从量定额复合计税法。现行消费税的征税范围中，只有卷烟、粮食白酒、薯类白酒采用复合计税方法。基本计算公式为：

应纳税额 = 销售额 × 比例税率 + 销售数量 × 定额税率

[案例 3－3] 某卷烟厂 2009 年 10 月份出售卷烟 20 标准箱，收到

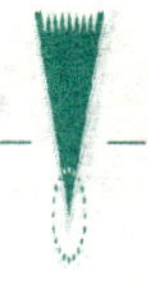

价款 375 000 元；出售烟丝 45 000 元，采用商业汇票结算，货已发出并办理好结算手续。计算该卷烟厂应纳消费税额。

解析：每标准条调拨价格 = 375 000 ÷ [50 000 ÷ 200 × 20]
= 75（元）

每标准条调拨价格在 70 元以上，则适用税率为 56%。

应纳消费税额 = 375 000 × 56% + 20 × 150 + 45 000 × 30%
= 226 500（元）

[案例 3 - 4] 某市卷烟生产企业为增值税一般纳税人，2008 年 6 月份销售 A 牌卷烟 300 标准箱，每箱不含增值税零售价 2.35 万元，将 10 标准箱 A 牌卷烟作为福利发放给本企业职工。销售 B 牌卷烟 400 标准箱，每箱不含增值税零售价为 1.35 万元，计算该卷烟企业应纳消费税额。

解析：卷烟消费税比例税率为：每标准条调拨价格在 70 元/条（含 70 元）以上的为甲类卷烟，税率为 56%，每标准条调拨价格在 70 元/条以下的为乙类卷烟，消费税税率为 36%。卷烟消费税定额税率：每标准箱（50 000 支）150 元。

A 牌卷烟每标准条价格为：23 500 ÷ 250 = 94（元），适用 56% 的消费税税率。

B 牌卷烟每标准条价格为：13 500 ÷ 250 = 54（元），适用 36% 的消费税税率。

将 A 牌卷烟作为福利发放给本企业职工应视同销售缴纳消费税。

A 牌卷烟应纳消费税税额为：（300 + 10） × 23 500 × 56% + （300 + 10） × 150 = 4 126 100（元）

B 牌卷烟应纳消费税税额为：400 × 13 500 × 36% + 400 × 150 = 2 004 000（元）

该企业应纳消费税税额合计为：4 126 100 + 2 004 000 = 6 130 100（元）

[案例 3 - 5] 某白酒生产企业为增值税一般纳税人，2009 年 9 月销售粮食白酒 60 吨，取得不含增值税的销售额 180 万元，计算该白酒生产企业 9 月份应纳的消费税额。

解析：现行消费税征税范围中，白酒采用复合计征方法：

应纳消费税税额 = 60 × 1 000 × 2 × 0.5 + 1 800 000 × 20%
= 420 000（元）

3.4.2 自产自用消费品消费税的计算

纳税人自产自用应税消费品，大体上有两种情况：一是继续用于生产应税消费品；一是脱离应税消费品的生产范围而用于其他方面，比如用于生产非应税消费品、在建工程、管理部门、非生产机构、提供劳务，以及用于馈赠、赞助、集资、广告、样品、职工福利、奖励等方面。

税法规定对继续用于生产的应税消费品不征消费税，而用于其他方面的于移送使用时缴纳消费税。缴纳消费税时，应按照纳税人生产的同类消费品的销售价格计算纳税。同类消费品的销售价格是指纳税人当月销售的同类消费品的销售价格，如果当月同类消费品各期销售价格高低不同，应按销售数量加权平均计算。

（1）从价定率法：

应纳税额＝按纳税人生产的同类消费品的销售价确定的销售额×税率

若当月同类消费品各期销售价格高低不同，应按销售的数量加权平均计算。如果当月无销售或当月未完结，应按照同类消费品上月或最近月份的销售价格计税。但销售的应税消费品有下列情况之一的，不得加权平均计算：

①销售价格明显偏低，且没有正当理由。

②无销售价格。

没有同类消费品销售价格的，以组成计税价格为计税依据。

组成计税价格＝（成本＋利润）/（1－消费税税率）

应纳税额＝组成计税价格×税率

式中，成本指应税消费品的生产成本；利润是根据应税消费品的全月平均成本利润率计算的利润（应税消费品的全月平均利润率由国家统一规定）。

[案例3－6] 某汽车制造厂将自产A型乘用车一辆赠送给合作单位，该类型乘用车对外销售价格18万元，生产成本10万元；将新生产B型乘用车一辆转为自用（固定资产），其生产成本为15万元，尚无同类消费品售价。计算该汽车厂应缴纳的消费税（A型车消费税税率5%，B型车消费税税率15%，全月平均利润率8%）。

解析：A 型车应纳消费税 = 180 000 × 5% = 9 000（元）

B 型车组成计税价格 =（150 000 + 150 000 × 8%）÷（1 - 15%）

= 190 588（元）

B 型车应纳消费税 = 190 588 × 15% = 28 588（元）

应纳消费税合计 = 9 000 + 28 588 = 37 588（元）

（2）从量定额法：

应纳税额 = 单位税额 × 移送使用的应税消费品数量

（3）从价定率和从量定额复合计税法：

实行复合计税办法计算纳税的组成计税价格计算公式为：

$$组成计税价格 = \frac{成本 + 利润 + 自产自用数量 \times 定额税率}{1 - 比例税率}$$

应纳税额 = 组成计税价格 × 比例税率 + 自产自用数量 × 定额税率

[案例 3 - 7] 某酒厂将自产薯类白酒 1 吨（2 000 斤）发放给职工做福利，其成本为 4 000 元/吨，成本利润率为 5%，则此笔业务当月应纳的消费税是多少？

解析：薯类白酒属于复合征税：

消费税从量税 = 2 000 × 0.5 = 1 000（元）

$$从价税组成计税价格 = \frac{4\,000 \times (1 + 5\%) + 2\,000 \times 0.5}{1 - 20\%} = 6\,500（元）$$

应纳消费税 = 1 000 + 6 500 × 20% = 2 300（元）

3.4.3 委托加工应税消费品消费税的计算

委托加工应税消费品是指由委托方提供原料和主要材料，受托方只收取加工费和代垫部分辅料加工的应税消费品。对于由受托方提供原材料生产的应税消费品，或者受托方先将原材料卖给委托方，然后再接受加工的应税消费品，以及由受托方以委托方名义购进原材料生产的应税消费品，不论纳税人在财务上是否作销售处理，都不得作为委托加工应税消费品，而应当按照销售自制应税消费品缴纳消费税。

为了避免应纳税款的流失，对委托加工的应税消费品的应纳消费税，采取了源泉控制的管理办法。委托加工的应税消费品，除受托方为个人外，由受托方在向委托方交货时代收代缴税款。委托加工的应税消费品，委托方用于连续生产应税消费品的，其所纳税款准予按规定抵扣。

委托加工应税消费品，应按受托方的同类消费品的售价计算纳税；没有同类消费品售价的，按照组成计税价格计算纳税，其公式如下：

（1）实行从价定率办法计算纳税的组成计税价格计算公式：

组成计税价格 =（材料成本 + 加工费）÷（1 - 比例税率）

（2）实行复合计税办法计算纳税的组成计税价格计算公式：

$$组成计税价格 = \frac{材料成本 + 加工费 + 委托加工数量 \times 定额税率}{1 - 比例税率}$$

应纳税额 = 组成计税价格 × 税率

式中，“材料成本”是指委托方提供的加工材料的实际成本，“加工费”是受托方加工应税消费品向委托方收取的全部费用（包括代垫辅助材料的实际成本，但不包括增值税税金）。

如果委托加工收回的应税消费品直接出售，则不再缴纳消费税；若以委托加工收回的应税消费品为原料，用于连续生产应税消费品，当其销售时，准予从应纳消费税中扣除原已缴纳的消费税。

[案例3-8] 某高尔夫球具厂接受某俱乐部委托加工一批高尔夫球具，俱乐部提供主要材料不含税成本8 000元，球具厂收取含税加工费和代垫辅料费2 808元。球具厂没有同类球具的销售价格，消费税税率10%。计算该俱乐部应纳消费税额。

解析：组成计税价格 = [8 000 + 2 808 ÷ (1 + 17%)] ÷ (1 - 10%)

= 11 555.56（元）

应纳消费税额 = 11 555.56 × 10% = 1 155.56（元）

3.4.4 进口应税消费品消费税的计算

进口的应税消费品于报关时缴纳消费税，由海关代征。进口应税消费品按照组成计税价格计算应纳税额。计算公式如下：

（1）从价定率法。实行从价定率办法计算纳税的组成计税价格计算公式为：

组成计税价格 =（关税完税价格 + 关税）÷（1 - 消费税税率）

应纳税额 = 组成计税价格 × 消费税税率

公式中的“关税完税价格”是指海关核定的关税计税价格。

[案例3-9] 有进出口经营权的某外贸公司，2009年7月从国外

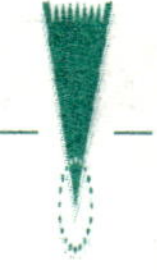

进口一批应税消费品，该批应税消费品的关税价格为 60 万元，按规定应缴纳关税 12 万元。假定进口的消费品的消费税税率为 20%，计算该批消费品进口环节应缴纳的消费税税额。

组成计税价格 =（600 000 + 120 000）÷（1 − 20%）

= 900 000（元）

应纳消费税税额 = 900 000 × 20% = 180 000（元）

（2）从量定额法。实行从量定额计征消费税应纳税额的计算公式为：

应纳税额 = 应税消费品数量 × 消费税单位税额

（3）实行复合计税办法计算的，除了按上述方法确定计税价格以外，还应当以海关核定的应税消费品征税数量为计税依据（如卷烟、白酒），按照规定的适用税率和税额标准计算缴纳。

$$组成计税价格 = \frac{关税完税价格 + 关税 + 进口数量 \times 消费税定额税率}{1 - 消费税比例税率}$$

应纳税额 = 应税消费品数量 × 消费税单位税额 + 组成计税价格 × 消费税税率

[案例 3 − 10] 某外贸企业进口汽车轮胎一批，经海关审定，其到岸价格为 450 000 元，关税适用税率 20%，汽车轮胎适用消费税税率为 3%。计算应缴纳的消费税额。

组成计税价格 =（450 000 + 450 000 × 20%）÷（1 − 3%）

= 556 701（元）

应纳消费税税额 = 556 701 × 3% = 16 701（元）

[案例 3 − 11] 某酒厂 8 月份销售情况如下：

（1）8 月 1 日销售粮食白酒 1 000 箱，每箱 500 元，每箱 10 瓶，每瓶 500 克。款项已收到。

（2）8 月 5 日销售薯类白酒 1 000 箱，每箱 400 元，每箱 10 瓶，每瓶 500 克。收取包装物押金 10 000 元，采取委托收款结算方式，货已发出，托收手续已办妥。

（3）8 月 10 日，向 A 商场分期收款销售的其他酒的第二批收款期限已到，按合同规定，本期应收货款 100 000 元，A 商场由于资金周转困难尚未付款。

（4）8 月 15 日销售啤酒 100 吨，每吨售价 1 500 元，款已收到。

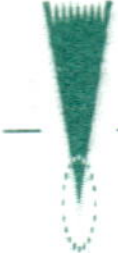

（5）8月20日，本厂招待所领用粮食白酒100箱，每箱10瓶，每瓶500克。

（6）8月25日，向职工发放粮食白酒50箱，每箱10瓶，每瓶500克。

计算本月该酒厂应纳消费税。（粮食白酒和薯类白酒的税率均为20%，啤酒的单位税额为220元/吨，其他酒的税率为10%。以上价格均为不含增值税的价格）

解析：根据消费税的有关规定，酒类包装物的押金无论是否退还，均应并入酒类销售额中一并征收消费税。纳税人采取委托收款方式销售产品，其纳税义务发生时间为货物已发出，托收手续已办妥的时间。纳税人采用分期收款方式销售产品，其纳税义务的发生时间为按合同约定的收款日期的当天，不论款项是否收到。纳税人将自产产品用于职工福利等，应视同销售，按同类产品的对外销售价格计算消费税。

（1）本月销售粮食白酒应纳消费税的计算：

应纳消费税 =（500×1 000+500×100+500×50）×20%+10×（1 000+100+50）×0.5

=（500 000+50 000+25 000）×20%+5 750

=120 750（元）

（2）本月薯类白酒应纳消费税的计算：

应纳消费税 =（400×1 000+10 000）×20%+10×1 000×0.5

=（400 000+10 000）×20%+5 000

=87 000（元）

（3）销售啤酒应纳消费税的计算：

应纳消费税 =220×100=22 000（元）

（4）销售其他酒应纳消费税的计算：

应纳消费税 =100 000×10% =10 000（元）

（5）本月应纳消费税的计算：

应纳消费税 =120 750+87 000+22 000+10 000=239 750（元）

[案例3-12] 某汽车制造企业2010年发生如下业务：

（1）8月份销售小汽车15辆，出厂价每辆150 000元，价外收取有关费用每辆11 000元，该排量小汽车适用消费税税率为9%。

（2）10月份用自产的乘用车10辆投资于某客运公司。税务机关认

可的每辆车售价150 000元，实际成本100 000元，适用消费税税率5%。

要求：分别计算该企业8月份和10月份应纳增值税税额和消费税税额。

解析：(1) 8月份销售小汽车增值税、消费税税额有关计算如下：

应纳消费税税额＝(150 000＋11 000)×9%×15
＝217 350(元)

应纳增值税税额＝(150 000＋11 000)×17%×15
＝410 550(元)

(2) 企业以生产的应税消费品作为投资，应视同销售缴纳增值税和消费税。10月份业务应纳增值税、消费税税额有关计算如下：

应交增值税＝150 000×17%×10 ＝ 255 000(元)

应交消费税＝150 000×5%×10 ＝ 75 000(元)

[案例3－13] 某酒厂2010年发生如下业务：

(1) 3月份以自产粮食白酒10吨抵偿其欠A公司货款50 000元。该粮食白酒成本为3 000元/吨，本月售价在4 800～5 200元/吨浮动。

(2) 5月份将自产的啤酒20吨发给职工作为福利，10吨用于宣传，让顾客免费品尝。该啤酒每吨成本2 000元，每吨出场价格2 800元。

(3) 6月份销售果酒一批，售价为100 000元，包装物单独作价5 000元，增值税税率17%，消费税税率10%。

要求：计算该企业各项业务应纳增值税税额和消费税税额。

解析：(1) 企业以生产的应税消费品用以抵偿债务应视同销售处理，应按同类应税消费品的平均销售价格为依据计算缴纳增值税，按同类应税消费品的最高销售价格(而非加权平均价格)为计税依据计算应纳增消费税额。

3月份的销售业务应纳税额计算如下：

应交增值税＝(4 800＋5 200)÷2×17%×10 ＝ 8 500(元)(以平均售价为计税依据)

应交消费税＝1×1 000×10＋5 200×20%×10 ＝ 20 400(元)(以最高售价为计税依据)

(2) 将自产的啤酒发给职工作为福利和用于宣传，应视同销售缴纳增值税和消费税。

应交增值税 = 2 800 × （20 + 10） × 17% = 14 280（元）

应交消费税 = 220 × 20 + 220 × 10 = 6 600（元）

（3）应税消费品连同包装物一并出售的，不论包装物是否单独核算，均应并入应税消费品的销售额中缴纳增值税、消费税，其应纳消费税计入“其他业务成本”账户。

6 月份销售果酒应纳税税额有关计算如下：

应交增值税 = （100 000 + 5 000） × 17% = 17 850（元）

应交消费税 = （100 000 + 5 000） × 10% = 10 000 + 500

= 10 500（元）

3.5 消费税的征收管理

3.5.1 纳税义务发生时间

纳税人生产的应税消费品于销售时纳税，进口消费品应当于应税消费品报关进口环节纳税，但金银首饰、钻石及钻石饰品在零售环节纳税。消费税纳税义务发生的时间，以货款结算方式或行为发生时间分别确定。

（1）纳税人销售的应税消费品，其纳税义务发生时间为：

①纳税人采取赊销和分期收款结算方式的，其纳税义务的发生时间为销售合同规定的收款日期的当天。

②纳税人采取预收货款结算方式的，其纳税义务的发生时间为发出应税消费品的当天。

③纳税人采取托收承付和委托银行收款方式销售的应税消费品，其纳税义务的发生时间为发出应税消费品并办妥托收手续的当天。

④纳税人采取其他结算方式的，其纳税义务的发生时间为收讫销售款或者取得索取销售款凭据的当天。

（2）纳税人自产自用的应税消费品，其纳税义务的发生时间为移

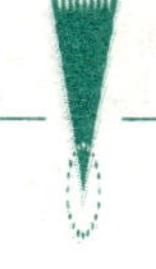

送使用的当天。

(3) 纳税人委托加工的应税消费品，其纳税义务的发生时间为纳税人提货的当天。

(4) 纳税人进口的应税消费品，其纳税义务的发生时间为报关进口的当天。

3.5.2 纳税期限

消费税的纳税期限分别为 1 日、3 日、5 日、10 日、15 日、1 个月或者 1 个季度。纳税人的具体纳税期限，由主管税务机关根据纳税人应纳税额的大小分别核定；不能按照固定期限纳税的，可以按次纳税。

纳税人以 1 个月或者 1 个季度为 1 个纳税期的，自期满之日起 15 日内申报纳税；以 1 日、3 日、5 日、10 日或者 15 日为 1 个纳税期的，自期满之日起 5 日内预缴税款，于次月 1 日起 15 日内申报纳税并结清上月应纳税款。

纳税人进口应税消费品，应当自海关填发海关进口消费税专用缴款书之日起 15 日内缴纳税款。

3.5.3 纳税地点

纳税人销售的应税消费品以及自产自用的应税消费品，除国家另有规定外，应当向纳税人核算地主管税务机关申报纳税；委托加工的应税消费品，由受托方向所在地主管税务机关解缴消费税税款；进口的应税消费品，由进口人或者其代理人向报关地海关申报纳税。

纳税人到外县（市）销售或委托外县（市）代销自产应税消费品的，应事先向其所在地主管税务机关提出申请，并于应税消费品销售后，回纳税人核算地或所在地缴纳消费税。

纳税人的总机构与分支机构不在同一县（市）的，应在生产应税消费品的分支机构所在地缴纳消费税。但经国家税务总局及所属税务分局批准，纳税人分支机构应纳消费税税款也可由总机构汇总向总机构所在地主管税务机关缴纳。根据国家税务总局颁发的《消费税若干具体问题的规定》，对纳税人的总机构与分支机构不在同一省、自治区、直辖市的，如须改由总机构汇总在总机构所在地纳税的，须经国家税务总局批准；对纳税人的总机构与分支机构在同一省（自治区、直辖市）

市，而不在同一县（市）的，如须改由总机构汇总在总机构所在地纳税的，须经省级国家税务局批准。

进口的应税消费品，由进口人或由其代理人向报关地海关申报纳税。

纳税人销售的应税消费品，如因质量等问题被退回，经所在地主管税务机关审核批准后，可以退还已征收的消费税税款。但是，纳税人不可自行直接抵减其应纳税额。

第4章 营业税

4.1 营业税基础

营业税是对在我国境内提供应税劳务、转让无形资产或者销售不动产的单位和个人就其取得的营业额而征收的一种税。

4.1.1 纳税人和征税范围

（1）纳税人的一般规定。《中华人民共和国营业税暂行条例》（以下简称《营业税暂行条例》）规定，在中华人民共和国境内提供本条例规定的劳务、转让无形资产或者销售不动产的单位和个人，为营业税的纳税人，应当依照本条例缴纳营业税。

在中华人民共和国境内是指税收行政管辖权的区域。具体情况为：

①提供或者接受条例规定劳务的单位或者个人在境内；

②所转让的无形资产（不含土地使用权）的接受单位或者个人在境内；

③所转让或者出租土地使用权的土地在境

内；

④所销售或者出租的不动产在境内。

（2）纳税义务人的特殊规定：

①铁路运输的纳税人。中央铁路运营业务的纳税人为铁道部；合资铁路运营业务的纳税人为合资铁路公司；地方铁路运营业务的纳税人为地方铁路管理机构；基建临管线运营业务的纳税人为基建临管线管理机构。

②从事水路运输、航空运输、管道运输或其他陆路运输业务并负有营业税纳税义务的单位，为从事运输业务并计算盈亏的单位。从事运输业务并计算盈亏的单位需具备以下条件：一是利用运输工具，从事运输业务，取得运输收入；二是在银行开设有结算账户；三是在财务上计算营业收入、营业支出、经营利润。

③单位以承包、承租、挂靠方式经营的，承包人、承租人、挂靠人（以下统称承包人）发生应税行为，承包人以发包人、出租人、被挂靠人（以下统称发包人）名义对外经营并由发包人承担相关法律责任的，以发包人为纳税人；否则以承包人为纳税人。

④建筑安装业务实行分包或转包的，分包或转包者为纳税人。

⑤金融保险业纳税人包括：银行，包括人民银行、商业银行、政策性银行；信用合作社；证券公司；金融租赁公司、证券基金管理公司、财务公司、信托投资公司、证券投资基金；保险公司；其他经中国人民银行、中国证监会、中国保监会批准成立且经营金融保险业务的机构等。

4.1.2 扣缴义务人

在现实生活中，有些具体情况难以确定纳税人，因此，税法规定了扣缴义务人。《营业税暂行条例》规定的扣缴义务人主要有：

（1）中华人民共和国境外的单位或者个人在境内提供应税劳务、转让无形资产或者销售不动产，在境内未设有经营机构的，以其境内代理人为扣缴义务人；在境内没有代理人的，以受让方或者购买方为扣缴义务人。

（2）国务院财政、税务主管部门规定的其他扣缴义务人。

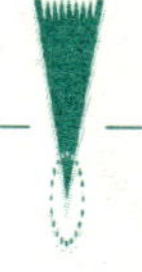

4.2 营业税的税目和税率

4.2.1 营业税的税目

营业税的税目按照行业、类别不同分别设置，现行营业税共设置了9个税目。包括：交通运输业、建筑业、金融保险业、邮电通信业、文化体育业、娱乐业、服务业、转让无形资产、销售不动产。

4.2.2 营业税的税率

营业税按照行业、类别的不同分别采用不同的比例税率，如表4－1所示：

表 4－1 营业税税目税率表

税 目	税率
交通运输业	3%
建筑业	3%
金融保险业	5%
邮电通信业	3%
文化体育业	3%
娱乐业	从 2001 年 5 月 1 日起，夜总会、歌厅、舞厅、射击、狩猎、跑马、游戏、高尔夫、网吧、游艺、电子游戏厅等娱乐行为使用 20% 的税率。从 2004 年 7 月 1 日起，保龄球、台球按 5% 的税率征收娱乐业的营业税
服务业	5%
转让无形资产	5%
销售不动产	5%

4.3 营业税的计税依据和应纳税额

4.3.1 计税依据

营业税的计税依据是营业额，营业额为纳税人提供应税劳务、转让无形资产或者销售不动产向对方收取的全部价款和价外费用。价外费用包括收取的手续费、补贴、基金、集资费、返还利润、奖励费、违约金、滞纳金、延期付款利息、赔偿金、代收款项、代垫款项、罚息及其他各种性质的价外收费，但不包括同时符合以下条件代为收取的政府性基金或者行政事业性收费。

①由国务院或者财政部批准设立的政府性基金，由国务院或者省级人民政府及其财政、价格主管部门批准设立的行政事业性收费；

②收取时开具省级以上财政部门印制的财政票据；

③所收款项全额上缴财政。

（1）交通运输业：

①纳税人将承揽的运输业务分给其他单位或者个人的，以其取得的全部价款和价外费用扣除其支付给其他单位或者个人的运输费用后的余额为营业额。

②运输企业自中华人民共和国境内运输旅客或者货物出境，在境外改由其他运输企业承运旅客或者货物，以全程运费减去付给该承运企业的运费后的余额为营业额。

③运输企业从事联运业务，以实际取得的营业额为计税依据。联运业务是指两个以上运输企业完成旅客或货物从发运地点至到达地点所进行的运输业务，联运业务的特点是一次购买、一次收费、一票到底。

④中国国际航空股份有限公司（简称国航）与中国国际货运航空有限公司（简称货航）开展客运飞机腹舱联运业务时，国航以收到的腹舱收入为营业额；货航以其收到的货运收入扣除支付给国航的腹舱收

入的余额为营业额，营业额扣除凭证为国航开具的“航空货运单”。

（2）建筑业：

①纳税人将建筑工程分包给其他单位的，以其取得的全部价款和价外费用扣除其支付给其他单位的分包款后的余额为营业额。

②除提供建筑业劳务的同时销售自产货物的混合销售行为外，纳税人提供建筑业劳务（不含装饰劳务）的，其营业额应当包括工程所用原材料、设备及其他物资和动力价款在内，但不包括建设方提供的设备的价款。

③自建行为和单位或者个人将不动产或者土地使用权无偿赠送其他单位或者个人，由主管税务机关按照规定的顺序核定营业额。

自建行为是指纳税人自己建造房屋的行为。纳税人自建自用的房屋不纳税；如纳税人（不包括个人自建自用住房销售）将自建的房屋对外销售，其自建行为应按建筑业缴纳营业税，再按销售不动产征收营业税。

④纳税人采用清包工形式提供的装饰劳务，按照其向客户实际收取的人工费、管理费和辅助材料费等收入（不含客户自行采购的材料价款和设备价款）确认计税营业额。

清包工形式提供的装饰劳务，是指工程所需的主要原材料和设备由客户自行采购，纳税人只向客户收取人工费、管理费及辅助材料费等费用的装饰劳务。

（3）金融保险业：

①一般贷款业务的营业额为贷款利息收入（包括各种加息、罚息等）。

②经中国人民银行、外经贸部和国家经贸委批准经营融资租赁业务的单位从事融资租赁业务的，以其向承租者收取的全部价款和价外费用（包括残值）减除出租方承担的出租货物的实际成本后的余额，以直线法折算出本期的营业额。出租货物的实际成本包括由出租方承担的货物的购入价、关税、增值税、消费税、运杂费、安装费、保险费和贷款的利息（包括外汇借款和人民币借款利息）。计算方法为：

本期营业额 =（应收取的全部价款和价外费用 − 实际成本）
× （本期天数 ÷ 总天数）

实际成本 = 货物购入原价 + 关税 + 增值税 + 消费税 + 运杂费 + 安装

费+保险支出+外汇借款和人民币借款利息

③金融企业（包括银行和非银行金融机构）从事外汇、有价证券、期货等金融商品买卖业务，以卖出价减去买入价后的余额为营业额，即：营业额=卖出价-买入价。

外汇、有价证券、期货等金融商品买卖业务，是指纳税人从事的外汇、有价证券、非货物期货和其他金融商品买卖业务。

货物期货不缴纳营业税。

卖出价是指卖出原价，不得扣除卖出过程中支付的各种费用和税金。买入价是指购进原价，不包括购进过程中支付的各种费用和税金，但买入价应依照财务会计制度规定，以股票、债券的购入价减去股票、债券持有期间取得的股票、债券红利收入的余额确定。

金融企业买卖金融商品（包括股票、债券、外汇及其他金融商品，下同）可在同一会计年度末，将不同纳税期出现的正差和负差按同一会计年度汇总的方式计算并缴纳营业税。如果汇总计算应缴的营业税税额小于本年已缴纳的营业税税额，可以向税务机关申请办理退税，但不得将一个会计年度内汇总后仍为负差的部分结转下一会计年度。

④金融经纪业务和其他金融业务（中间业务）营业额为手续费（佣金）类的全部收入。

金融企业从事受托收款业务，如代收电话费、水电煤气费、信息费、学杂费、寻呼费、社保统筹费、交通违章罚款、税款等，以全部收入减去支付给委托方价款后的余额为营业额。

⑤保险业务营业额：

办理初保业务，其营业额为纳税人经营保险业务向对方收取的全部价款，即向被保险人收取的全部保险费。

保险公司如采用收取储金方式取得经济利益的（即以被保险人所交保险资金的利息收入作为保费收入，保险满后将保险资金本金返还被保险人），其“储金业务”的营业额，为纳税人在纳税期内的储金平均余额乘以人民银行公布的一年期存款的月利率。储金平均余额为纳税期期初储金余额与期末余额之和乘以50%。

保险企业已征收过营业税的应收未收保费，凡在财务会计制度规定的核算期限内未收回的，允许从营业额中减除。在会计核算期限以后收回的已冲减的应收未收保费，再并入当期营业额中。

保险企业开展无赔偿奖励业务的，以向投保人实际收取的保费为营业额。

境外再保险人应就其分保收入承担营业税纳税义务，并由境内保险人扣缴境外再保险人应缴纳的营业税税款。

⑥金融企业贷款利息。自 2003 年 1 月 1 日起，对金融企业（包括国营、集体、股份制、合资、外资银行以及其他所有制形式的银行，城市信用社，农村信用社，信托投资公司和财务公司），按以下规定征收营业税：

金融企业发放贷款（包括自营贷款和委托贷款，下同）后，凡在规定的应收未收利息核算期内发生的应收利息，均应按规定申报缴纳营业税；贷款应收利息自结息之日起，超过应收未收利息核算期限或贷款本金到期（含展期）超过 90 天后尚未收回的，按照实际收到利息申报缴纳营业税。

对金融企业 2001 年 1 月 1 日以后发生的已缴纳过营业税的应收未收利息（包括自营贷款和委托贷款利息，下同），若超过应收未收利息核算期限后仍未收回或其贷款本金到期（含展期）后尚未收回的，可从以后的营业额中减除。

金融企业在 2000 年 12 月 31 日以前已缴纳过营业税的应收未收利息，原则上应在 2005 年 12 月 31 日前从营业额中减除完毕。但已移交给中国华融、长城、东方和信达资产管理公司的应收未收利息不得从营业额中减除。

税务机关对金融企业营业税征收管理时，负责核对从营业额中减除的应收未收利息是否已征收过营业税，该项从营业额中减除的应收未收利息是否符合财政部或国家税务总局制定的财务会计制度以及税法规定。

金融企业从营业额中减除的应收未收利息的额度和年限以该金融企业确定的额度和年限确定，各级地方政府及其财政、税务机关不得规定金融企业应收未收利息从营业额中减除的年限和比例。

（4）邮电通信业：

①电信部门以“集中受理”方式为集团客户提供跨省的出租电路业务，由受理地区的电信部门按取得的全部价款减除分割给参与提供跨省电信业务的电信部门的价款后的差额为营业额计征营业税；对参与提

供跨省电信业务的电信部门，则按各自取得的全部价款为营业额计征营业税。

“集中受理”业务（也称“一点服务”），是指电信部门应一些集团客户的要求，为该集团所属的众多客户提供跨地区的出租电信线路业务，以便该集团所属的众多客户在全国范围内保持特定的通信联络。

②邮政电信单位与其他单位合作，共同为用户提供邮政电信业务及其他服务并由邮政电信单位统一收取价款的，以全部收入减去支付给合作方价款后的余额为营业额。

③中国移动通信集团公司通过手机短信公益特服号“8858”为中国儿童少年基金会接受捐款业务，以全部收入减去支付给中国儿童少年基金会的价款后的余额为营业额。

④自 2009 年 1 月 1 日起，联通有限公司及所属分公司应就其向电信用户收取的全部收入减去支付给联通新时空及所属分公司价款后的余额为营业额缴纳营业税，联通新时空及所属分公司从联通有限公司及所属分公司取得的电信业务收入按照“邮电通信业”税目缴纳营业税。

⑤自 2009 年 1 月 1 日起，移动有限公司及所属子公司应就其向 TD－SCDMA用户收取的全部收入减去支付给移动集团及所属分公司价款后的余额为营业额缴纳营业税，移动集团及所属分公司从移动有限公司及所属子公司分得的 TD－SCDMA 业务收入按照“邮电通信业”税目缴纳营业税。

⑥自 2009 年 4 月 1 日起，对中国移动通信集团公司、中国联合网络通信集团有限公司、中国电信股份有限公司通过手机特服号“10699996”为中国华侨经济文化基金会接受捐款业务，以全部收入减去支付给中国华侨经济文化基金会的价款后的余额为营业额，计算征收营业税。

自 2009 年 11 月 1 日起，为支持社会公益事业发展，对中国移动通信集团公司、中国联合网络通信集团有限公司、中国电信股份有限公司通过手机特服号“10699969”和“10699919”分别为中国绿化基金会和中国社会工作协会接受捐款业务，以全部收入减去支付给中国绿化基金会和中国社会工作协会的价款后的余额为营业额，计算征收营业税。

（5）文化体育业：

单位和个人进行演出，以全部票价收入或者包场收入减去付给提供演出场所的单位、演出公司或者经纪人的费用后的余额为营业额。

（6）娱乐业：

娱乐业的营业额为经营娱乐业收取的全部价款和价外费用，包括门票收费、台位费、点歌费、烟酒、饮料、茶水、鲜花、小吃等收费及经营娱乐业的其他各项收费。

（7）服务业：

①代理业以纳税人从事代理业务向委托方实际收取的报酬为营业额。

②电脑福利彩票投注点代销福利彩票取得的任何形式的手续费收入，应照章征收营业税。

③广告代理业务的营业额为代理者向委托方收取的全部价款和价外费用减去支付给其他广告公司或广告发布者（包括媒体、载体）的广告发布费后的余额为营业额。

④对拍卖行向委托方收取的手续费应征收营业税。

⑤纳税人从事旅游业务的，以其取得的全部价款和价外费用扣除替旅游者支付给其他单位或者个人的住宿费、餐费、交通费、旅游景点门票和支付给其他接团旅游企业的旅游费后的余额为营业额。

⑥对经过国家版权局注册登记，在销售时一并转让著作权、所有权的计算机软件征收营业税：计算机软件产品是指记载有计算机程序及其有关文档的存储介质（包括软盘、硬盘、光盘等）。

⑦境内单位派出本单位的员工赴境外，为境外企业提供劳务服务，不属于在境内提供应税劳务，对境内企业外派本单位员工赴境外从事劳务服务取得的各项收入，不征营业税。

⑧从事物业管理的单位，以与物业管理有关的全部收入减去代业主支付的水、电、燃气以及代承租者支付的水、电、燃气、房屋租金的价款后的余额为营业额。

⑨纳税人从事无船承运业务，以其向委托人收取的全部价款和价外费用扣除其支付的海运费以及报关、港杂费、装卸费用后的余额为计税营业额申报缴纳营业税。

纳税人从事无船承运业务，应按照其从事无船承运业务取得的全部价款和价外费用向委托人开具发票，同时应凭其取得的开具给本纳税人的发票或其他合法有效凭证作为差额缴纳营业税的扣除凭证。

⑩对单位和个人在旅游景区经营旅游游船、观光电梯、观光电车、

景区环保客运车所取得的收入应按“服务业——旅游业”征收营业税。

单位和个人在旅游景区兼有不同税目应税行为并采取“一票制”收费方式的，应当分别核算不同税目的营业额；未分别核算或核算不清的，从高适用税率。

（8）转让无形资产：

转让无形资产的计税依据为转让无形资产所取得的全部转让收入。具体包括转让无形资产所取得的全部货币资产、非货币资产和其他经济利益，取得的非货币资产和其他经济利益应当按照公允价值计量，否则，税务机关有权核定计税依据。

（9）销售不动产或转让土地使用权：

①单位和个人销售或转让其购置的不动产或受让的土地使用权，以全部收入减去不动产或土地使用权的购置或受让原价后的余额为营业额。

②单位和个人销售或转让抵债所得的不动产、土地使用权的，以全部收入减去抵债时该项不动产或土地使用权作价后的余额为营业额。

上述税法规定，可归纳为以下公式：

计税营业额 =全部收入 －购置（受让）原价或抵债作价

③自2010年1月1日起，个人将购买不足5年的非普通住房对外销售的，全额征收营业税；个人将购买超过5年（含5年）的非普通住房或者不足5年的普通住房对外销售的，按照其销售收入减去购买房屋的价款后的差额征收营业税；个人将购买超过5年（含5年）的普通住房对外销售的，免征营业税。

④纳税人受托进行建筑物拆除、平整土地并代委托方向原土地使用权人支付拆迁补偿费的过程中，其提供建筑物拆除、平整土地劳务取得的收入应按照“建筑业”税目缴纳营业税；其代委托方向原土地使用权人支付拆迁补偿费的行为属于“服务业——代理业”行为，应以提供代理劳务取得的全部收入减去其代委托方支付的拆迁补偿费后的余额为营业额计算缴纳营业税。

（10）对于纳税人提供劳务、转让无形资产或销售不动产价格明显偏低并无正当理由的，税务机关按下列顺序核定其营业额：

①按纳税人最近时期发生同类应税行为的平均价格核定；

②按其他纳税人最近时期发生同类应税行为的平均价格核定；

③按下列公式核定：

营业额＝营业成本或者工程成本×（1＋成本利润率）÷（1－营业税税率）

公式中的成本利润率，由省、自治区、直辖市税务局确定。

（11）以人民币以外的货币结算营业额的折算：

纳税人以人民币以外的货币结算营业额的，应当折合成人民币计算。其营业额的人民币折合率可以选择营业额发生的当天或者当月1日的人民币汇率中间价。

纳税人应当在事先确定采用何种折合率，确定后一年内不得变更。

（12）营业额的其他规定：

①纳税人的营业额计算缴纳营业税后因发生退款减除营业额的，应当退还已缴纳营业税税款或者从纳税人以后的应缴纳营业税税额中减除。

②纳税人发生应税行为，如果将价款与折扣额在同一张发票上注明的，以折扣后的价款为营业额；如果将折扣额另开发票的，不论其在财务上如何处理，均不得从营业额中扣除。

③单位和个人因财务会计核算办法改变，将已缴纳过营业税的预收性质的价款逐期转为营业收入时，允许从营业额中减除。

④劳务企业接受用工单位的委托，为其安排劳动力，凡用工单位将其应支付给劳动力的工资和为劳动力上交的社会保险（包括养老保险金、医疗保险、失业保险、工伤保险等）以及住房公积金统一交给劳务企业代为发放或办理的，以劳务企业从用工单位收取的全部价款减去代收转付给劳动力的工资和为劳动力办理社会保险及住房公积金后的余额为营业额。

⑤关于营业额扣除项目凭证管理问题。

计税营业额扣除有关项目，取得的凭证不符合法律、行政法规或者国务院税务主管部门有关规定的，该项目金额不得扣除。

符合国务院税务主管部门有关规定的凭证（以下统称合法有效凭证），是指：

支付给境内单位或者个人的款项，且该单位或者个人发生的行为属于营业税或者增值税征收范围的，以该单位或者个人开具的发票为合法有效凭证；

支付的行政事业性收费或者政府性基金，以开具的财政票据为合法有效凭证；

支付给境外单位或者个人的款项，以该单位或者个人的签收单据为合法有效凭证，税务机关对签收单据有疑义的，可以要求其提供境外公证机构的确认证明；

国家税务总局规定的其他合法有效凭证。

⑥自 2004 年 12 月 1 日起，营业税纳税人购置税控收款机，经主管税务机关审核批准后，可凭购进税控收款机取得的增值税专用发票，按照发票上注明的增值税税额，抵免当期应纳营业税税额，或者按照购进税控收款机取得的普通发票上注明的价款，依下列公式计算可抵免税额：

可抵免税额 = 价款 ÷ （1 + 17%） × 17%

当期应纳税额不足抵免的，未抵免部分可在下期继续抵免。

4.3.2 应纳税额的计算

纳税人提供应税劳务、转让无形资产或者销售不动产，按照营业额和规定的适用税率计算应纳税额，计算公式为：

应纳税额 = 营业额 × 税率

税额计算的基本规定如表 4－2 所示：

表 4－2　　营业税计税依据及案例

具体情况	计税公式和应用举例
（1）以收入全额为营业额	应纳营业税 = 营业额 × 税率 某咨询公司 6 月份发生咨询活动咨询费收入 50 000 元，其应纳营业税为：50 000 × 5% = 2 500（元）
（2）以收入差额为营业额	应纳营业税 = （收入全额 － 允许扣除金额） × 税率 某旅行社组团旅游共收取旅费 20 000 元，支付餐费、门票费、住宿费、交通费共 15 000 元。其应纳营业税为：（20 000 － 15 000） × 5% = 5 000 × 5% = 250（元）
（3）按组成计税价格为营业额	应纳营业税 = 组成计税价格 × 税率 组成计税价格 = 营业成本 × （1 + 成本利润率） ÷ （1 － 营业税税率） × 营业税税率 某建筑公司自建一建筑物后对外销售，建筑成本 300 万元，当地成本利润率 20%，对外售价 400 万元，其应纳营业税为： ①建筑业营业税 = 300 × （1 + 20%） ÷ （1 － 3%） × 3% = 11.13（万元） ②销售不动产营业税 = 400 × 5% = 20（万元）

营业额应以人民币计算。纳税人以人民币以外的货币结算营业额的，应当折合成人民币计算。

4.3.3 营业税计算综合实例

[案例4-1] 位于县城的某建筑安装公司2009年8月发生以下业务：

(1) 与机械厂签订建筑工程合同一份，为其承建厂房一栋，签订合同时预收工程价款800万元，月初开始施工至月底已完成全部工程的1/10；

(2) 与开发区签订安装工程合同一份，为其铺设通信线路，工程价款共计300万元，其中包含由开发区提供的光缆、电缆价值80万元，月末线路铺设完工，收回全部价款；

(3) 与地质勘探队签订合同一份，按照合同约定为其钻井作业提供泥浆工程劳务，取得劳务收入40万元；

(4) 以清包工形式为客户提供装修劳务，共收取人工费35万元、管理费5万元、辅助材料费10万元，客户自行采购的装修材料价款为80万元；

(5) 将自建的一栋住宅楼销售给职工，取得销售收入1 000万元、煤气管道初装费5万元，代收住房专项维修基金50万元，该住宅楼的建筑成本780万元，当地税务机关确定的建筑业的成本利润率为15%。

要求：根据上述资料，计算回答下列问题：

(1) 公司8月份承建厂房工程应缴纳的营业税；

(2) 公司8月份铺设通信线路工程应缴纳的营业税；

(3) 公司8月份提供泥浆工程作业应缴纳的营业税；

(4) 公司8月份为客户提供装修劳务应缴纳的营业税；

(5) 公司8月份将自建住宅楼销售给职工应缴纳的营业税。

解析：

(1) 承建厂房工程应缴纳的营业税 = 800 × 10% × 3%
= 2.4（万元）

(2) 铺设通信线路工程应缴纳的营业税 =（300 - 80）× 3%
= 6.6（万元）

(3) 提供泥浆工程作业应缴纳的营业税 = 40 × 3% = 1.2（万元）

（4）为客户提供装修劳务应缴纳的营业税＝（35＋5＋10）×3%
＝1.5（万元）

（5）自建住宅楼销售给职工应缴纳的营业税＝780×（1＋15%）÷（1－3%）×（1 000＋5）×5%＝4.65（万元）

［案例4－2］ 某酒店2009年1月份营业收入情况如下：

（1）经营客房取得房费收入36 000元；

（2）经营餐厅取得收入45 800元，其中有烟酒18 000元；

（3）出租会议室取得租金收入6 800元；

（4）经营保龄球馆取得收入15 200元，经营歌舞厅取得收入24 900元；

（5）转让土地使用权（土地使用权取得成本为150 000元），取得收入350 000元；

（6）从某企业购买烟酒共50 000元，本月该企业在本舞厅共消费了53 200元，双方商定相互抵冲，差价不再结算，企业按50 000元开具营业税发票；

（7）处置酒店周边地区垃圾，向有关单位和居民收取垃圾处置费10 000元。

要求：根据上述资料，计算回答下列问题（该酒店上述收入均分别核算）：

（1）经营客房取得房费收入应纳营业税；

（2）经营餐厅取得收入应纳营业税；

（3）出租会议室取得租金收入应纳营业税；

（4）经营保龄球馆和歌舞厅收入应纳营业税；

（5）转让土地使用权收入应纳营业税；

（6）与企业抵账行为应纳营业税；

（7）收取垃圾处置费应纳营业税。

解析：

（1）经营客房取得房费收入应纳营业税＝36 000×5%
＝1 800（元）

（2）经营餐厅取得收入应纳营业税＝45 800×5%＝2 290（元）

（3）出租会议室取得租金收入应纳营业税＝6 800×5%
＝340（元）

（4）经营保龄球馆和歌舞厅收入应纳营业税＝15 200×5%＋24 900×20%＝5 740（元）

（5）转让土地使用权收入应纳营业税＝（350 000－150 000）×5%＝10 000（元）

（6）与企业抵账行为应纳营业税＝50 000×20%＝10 000（元）

（7）单位和个人提供的垃圾处置劳务不属于营业税应税劳务，对其处置垃圾取得的垃圾处置费，不征收营业税。

［案例4－3］ 经国家社团主管部门批准成立的某非营利性协会2010年3月份取得以下收入：

（1）依照社团章程的规定，收取团体会员会费20 000元，个人会员会费8 000元；

（2）代售大型演唱会门票32 000元，其中包括代售手续费2 000元；

（3）代销中国福利彩票80 000元，其中包括代售手续费2 000元；

（4）协会开设的照相馆营业收入18 000元，其中包括相册、镜框等销售收入2 000元；

（5）委派两人到国外提供咨询服务，收取咨询费折合人民币30 000元；

（6）举办一期培训班，收取培训费20 000元，资料费4 000元。

要求：计算上述业务应缴纳的营业税和应代扣代缴的营业税。

解析：

（1）收取的团体会员会费20 000元、个人会员会费8 000元免征营业税。

（2）代售门票手续费应纳营业税＝2 000×5%＝100（元）

（3）福利彩票手续费应纳营业税＝2 000× 5%＝100（元）

（4）照相馆收入应纳营业税＝18 000×5%＝900（元）

（5）国外咨询收入30 000元不征营业税。

（6）培训班收入应纳营业税＝（20 000＋4 000）×3%＝720（元）

（7）应代扣代缴营业税额＝32 000×3%＝960（元）

［案例4－4］ 金鼎建筑公司以6 000万元的总承包额中标国美房地产开发公司一幢写字楼，并将其中的装饰工程以1 000万元分包给常青建筑公司。工程完工后，因国美房地产开发公司现金周转困难，在现金

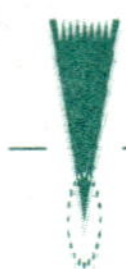

不足的情况下其用自有的市值800万元的两幢普通住宅楼抵顶了应付给金鼎建筑公司的工程劳务费；金鼎建筑公司将其中一幢普通住宅楼自用，另一幢作价420万元抵顶了应付给常青建筑公司的工程劳务费。试分别计算有关各方应缴纳和应扣缴的营业税税款。

解析：

（1）金鼎建筑公司应纳建筑业营业税＝（6 000－1 000）×3%
＝150（万元）

（2）金鼎建筑公司应扣缴常青建筑公司建筑业营业税＝1 000×3%
＝30（万元）

（3）国美房地产开发公司应缴纳销售不动产营业税＝800×5%
＝40（万元）

（4）金鼎建筑公司应缴纳销售不动产营业税＝（420－800÷2）×5%
＝1（万元）

4.4 特殊经营行为的税务处理

4.4.1 兼营不同税目的应税行为

纳税人兼营不同税目的应当缴纳营业税的劳务（以下简称应税劳务）、转让无形资产或者销售不动产，应当分别核算不同税目的营业额、转让额、销售额（以下统称营业额）；未分别核算营业额的，从高适用税率计算应纳税额。

营业额是指从事交通运输业、建筑业、金融保险业、邮电通信业、文化体育业、娱乐业和服务业取得的营业收入；转让额是指转让无形资产取得的收入；销售额是指销售不动产取得的收入。

4.4.2 兼营应税劳务与货物或非应税劳务行为

纳税人兼营应税行为与货物或者非应税劳务的，应当分别核算应税行为的营业额和货物或者非应税劳务的销售额，其应税行为营业额缴纳营业税，货物或者非应税劳务销售额不缴纳营业税；未分别核算的，由主管税务机关核定其应税行为营业额。

纳税人兼营免税、减税项目的，应当单独核算免税、减税项目的营业额；未单独核算营业额的，不得免税、减税。

4.4.3 混合销售行为

一项销售行为如果既涉及缴纳营业税的应税劳务又涉及缴纳增值税的货物销售，为混合销售行为。混合销售行为的特点是：货物销售与营业税应税劳务之间存在内在联系和因果关系。

从事货物的生产、批发或者零售的企业、企业性单位和个体工商户的混合销售行为，视为销售货物，不缴纳营业税；其他单位和个人的混合销售行为，视为提供应税劳务，缴纳营业税。

以上所称货物，是指有形动产，包括电力、热力、气体在内。所称从事货物的生产、批发或者零售的企业、企业性单位和个体工商户，包括以从事货物的生产、批发或者零售为主，并兼营应税劳务的企业、企业性单位和个体工商户在内。上述"以从事货物的生产、批发或零售为主，并兼营非应税劳务"，是指纳税人的年货物销售额与非增值税应税劳务营业额的合计数中，年货物销售额超过50%，非增值税应税劳务营业额不到50%。

混合销售行为的税务处理原则分为一般原则和特殊原则两类，如表4－3所示：

表4－3　　混合销售行为的税务处理原则

一般原则（适用于一般情况）	按照纳税人主营业务的税种性质确定适用的税种。 具体为：从事货物的生产、批发或者零售的企业、企业性单位和个体工商户的混合销售行为，视为销售货物，不缴纳营业税；其他单位和个人的混合销售行为，视为提供应税劳务，缴纳营业税
特殊原则（适用于特殊混合销售行为）	按照分别核算销售额分别纳税的原则处理（与兼营原则相同）。 具体为：纳税人的下列混合销售行为，应当分别核算应税劳务的营业额和货物的销售额，其应税劳务的营业额缴纳营业税，货物销售额不缴纳营业税；未分别核算的，由主管税务机关核定其货物的销售额和应税劳务的营业额： (1) 提供建筑业劳务的同时销售自产货物的行为； (2) 财政部、国家税务总局规定的其他情形

4.4.4 营业税与增值税征税范围的划分

（1）建筑业征税问题。基本建设单位和从事建筑安装业务的企业附设的工厂、车间生产的水泥预制构件、其他构件或建筑材料，用于本单位或本企业的建筑工程的，应在移送使用时征收增值税。但对其在建筑现场制造的预制构件，凡直接用于本单位或本企业建筑工程的，征收营业税，不征收增值税。

（2）特殊混合销售。纳税人的下列混合销售行为，应当分别核算应税劳务的营业额和货物的销售额，其应税劳务的营业额缴纳营业税，货物销售额不缴纳营业税；未分别核算的，由主管税务机关核定其应税劳务的营业额：

第一，提供建筑业劳务的同时销售自产货物的行为；

第二，财政部、国家税务总局规定的其他情形。

（3）邮电业征税问题：

①集邮商品的生产、调拨征收增值税。邮政部门（含集邮公司）销售集邮商品，征收营业税；邮政部门以外的其他单位与个人销售集邮商品，征收增值税。集邮是指收集和保存各种邮票以及与邮政相联系的其他邮品的活动。

集邮商品包括邮票、小型张、小本票、明信片、首日封、邮折、集邮簿、邮盘、邮票目录、护邮袋、贴片及其他集邮商品。

②邮政部门发行报刊，征收营业税；其他单位和个人发行报刊征收增值税。报刊发行是指邮政部门代出版单位收订、投递和销售各种报纸、杂志的业务。

③电信单位（电信局及电信局批准的其他从事电信业务的单位）自己销售电信物品，并为客户提供有关的电信服务的，征收营业税；对单纯销售无线寻呼机、移动电话，不提供有关的电信劳务服务的，征收增值税。电信物品是指电信业务专用或通用的物品，如无线寻呼机、移动电话、电话机及其他电信器材等。

（4）服务业征税问题：

①代购代销的征税问题。代购代销本身的经营活动属于购销货物，在其经营活动中，货物实现了有偿转让，应属增值税的征收范畴。

营业税对代购代销货物征税，不是针对货物有偿转让这个工程的经

营业务，而是对代理者为委托方提供的代购或代销货物的劳务行为征税，这是由代购或代销本身的内涵所决定的。

代购货物是指受托方按照协议或者委托方的要求，从事商品的购买，并按发票购进价格与委托方结算（原票转交）。如果受托方在代购货物后按原价与委托方结算，则只需就货物销售征收增值税，而没有征收营业税问题了。但受托方在这个过程中提供了劳务，就需要取得经济利益，因此，受托方要按购进额收取一定的手续费，这就是受托方为委托方提供劳务而取得的报酬，就成为营业税规定征税的范围。

代购货物行为凡同时具备以下条件的，无论会计制度规定如何核算，均应征收营业税：第一，受托方不垫付资金；第二，销货方将发票开具给委托方，并由受托方将该项发票转交给委托方；第三，受托方按销售方实际收取的销售额和增值税额与委托方结算货款，并另外收取手续费。

代购业务的操作流程如图4－1所示：

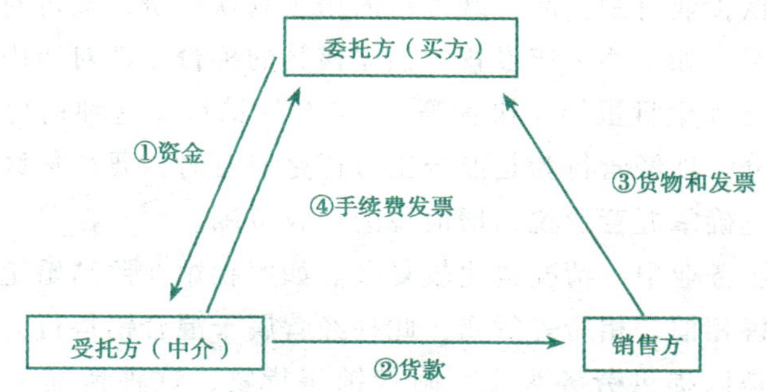

图4－1　代购业务的操作流程

代购货物的受托方从事代理购货业务，是一种中介行为，委托方是真正的购买方，在受托方的联系下，销售方与购买方之间发生了实质性的购销关系，这种购销货物的行为属于增值税的范畴。而受托方与委托方之间又存在收取代理手续费的应缴营业税的行为。

代购关系确认后的税收关系，如图4－2所示：

图4－2　代理业务的税收关系

代销是指受托方按委托方的要求销售委托方的货物并收取手续费的经营活动。仅就销售货物而言，它与代购一样也属于增值税的征收范围；但受托方提供了劳务，就要取得一定的报酬，因而，要收取一定的手续费。按营业税的规定要对受托方代销货物取得的手续费征税。掌握代销货物的关键，是受托方以委托方的名义，从事销售委托方货物的活动，所销货物的质量问题以及法律责任，都由委托方负责。

②其他与增值税的划分问题：

服务业税目中所列举的经营行为多数属于混合销售。如不能明确掌握服务业的征税范围和混合销售的税法规定，在税收实务中，就必然会出现偏差。

除前面已提到的代理业务外，旅店、饮食、旅游等业务根据混合销售规定的处理原则，比较容易确定征税范围。如饮食行业，在提供饮食的同时，附带也提供香烟等货物，就应按饮食业征收营业税。另外一种经营形式是饮食业自制食品，既可对内用于餐饮消费，又可对外销售货物的兼营情况，如某些饭店设置的独立核算的柜台，即对店内的顾客提供自制食品（如生日蛋糕、快餐等），又对外销售，这种情况属于兼营行为。在划分一项经营行为是混合销售还是兼营时，要严格区分两者的概念，才能正确掌握营业税与增值税的征收范围。

在其他服务业中，情况也比较复杂。如照相馆在照结婚纪念照的同时，附带销售相框、相册等货物，此种经营属于混合销售行为。因为此项销售业务是以提供劳务为主，附带销售货物，这种情况下的混合销售，应当征收营业税。

小贴士

供电企业利用自身输变电设备对并入电网的企业自备电厂生产的电力产品进行电压调节，属于提供加工劳务。根据《中华人民共和国增值税暂行条例》和《中华人民共和国营业税暂行条例》有关规定，对于上述供电企业进行电力调压并按电量向电厂收取的并网服务费，应当征收增值税，不征收营业税。

③燃气公司和生产、销售货物或提供增值税应税劳务的单位，在销售货物或提供增值税应税劳务时，代有关部门向购买方收取的集资费（包括管道煤气集资款、初装费）、手续费、代收款等，属于增值税价外收费，应征收增值税，不征收营业税。

④随汽车销售提供的汽车按揭服务和代办服务业务征收增值税，单独提供按揭、代办服务业务，并不销售汽车的，应征收营业税。

（5）商业企业向供货方收取的部分费用征收流转税问题。自 2004 年 7 月 1 日起，对商业企业向供货方收取的与商品销售量、销售额无必然联系，且商业企业向供货方提供一定劳务的收入，例如进场费、广告促销费、上架费、展示费、管理费等，不属于平销返利，不冲减当期增值税进项税额，应按营业税的适用税目、税率征收营业税。

商业企业向供货方收取的各种收入，一律不得开具增值税专用发票。

4.5 营业税的征收管理

4.5.1 纳税义务发生时间

营业税纳税义务发生时间为纳税人提供应税劳务、转让无形资产或者销售不动产并收讫营业收入款项或者取得索取营业收入款项凭据的当天。营业税扣缴义务发生时间为纳税人营业税纳税义务发生的当天。

上述所称收讫营业收入款项，是指纳税人应税行为发生过程中或者完成后收取的款项。所称取得索取营业收入款项凭据的当天，为书面合同确定的付款日期的当天；未签订书面合同或者书面合同未确定付款日期的，为应税行为完成的当天。

对一些具体项目明确如下：

（1）纳税人转让土地使用权或者销售不动产，采取预收款方式的，其纳税义务发生时间为收到预收款的当天。

（2）纳税人提供建筑业或者租赁业劳务，采取预收款方式的，其

纳税义务发生时间为收到预收款的当天。

（3）单位或者个人将不动产或者土地使用权无偿赠送其他单位或者个人的，其纳税义务发生时间为不动产所有权、土地使用权转移的当天。

（4）单位或者个人自己新建（以下简称自建）建筑物后销售，其所发生的自建行为视同发生纳税义务发生时间为销售自建建筑物的纳税义务发生时间。

（5）会员费、席位费和资格保证金纳税义务发生时间为会员组织收讫会员费、席位费、资格保证金和其他类似费用款项或取得索取这些款项凭据的当天。

（6）纳税人提供建筑业应税劳务，施工单位与发包单位签订书面合同，如合同明确规定付款（包括提供原料、动力及其他物资，含预售工程款）日期的，按合同规定的付款日期为纳税义务发生时间；合同未明确付款日期的，其纳税义务发生时间为纳税人收讫营业收入款项或者取得索取营业收入款项凭据的当天。

纳税人提供建筑业应税劳务，施工单位与发包单位未签订书面合同的，其纳税义务发生时间为纳税人收讫预收款项、营业收入款项或者取得索取营业收入款项凭据的当天。

（7）纳税人自建建筑物，其建筑业应税劳务的纳税义务发生时间为纳税人销售自建建筑物并收讫营业收入款项或取得索取营业收入款项凭据的当天。

纳税人将自建建筑物对外赠与，其建筑业应税劳务的纳税义务发生时间为该建筑物产权转移的当天。

（8）贷款业务。从 2002 年 1 月 1 日起，金融企业应收未收利息核算期限由原来的 180 天调整为 90 天。因此，金融企业发放贷款（包括自营贷款和委托贷款）后，凡在规定的应收未收利息核算期内发生的应收利息，均应按规定申报缴纳营业税；贷款应收利息自结息之日起，超过应收未收利息核算期限或贷款本金到期（含展期）后尚未收回的，按照实际收到利息申报交纳营业税。

（9）融资租赁业务，纳税义务发生时间为取得租金收入或取得索取租金收入价款凭据的当天。

（10）金融商品转让业务，纳税义务发生时间为金融商品所有权转

移之日。

(11) 金融经纪业和其他金融业务，纳税义务发生时间为取得营业收入或取得索取营业收入价款凭据的当天。

(12) 保险业务，纳税义务发生时间为取得保费收入或取得索取保费收入价款凭据的当天。

(13) 金融企业承办委托贷款业务营业税扣缴义务发生时间，为受托发放贷款的金融机构代委托人收讫贷款利息的当天。

(14) 电信部门销售有价电话卡的纳税义务发生时间，为售出电话卡并取得售卡收入或取得索取售卡收入凭据的当天。

(15) 单位和个人提供应税劳务、转让专利权、非专利技术、商标权、著作权和商誉时，向对方收取的预收性质的价款（包括预收款、预付款、预存费用、预收定金等，下同），其营业税纳税义务发生时间以按照财务会计制度的规定，该项预收性质的价款被确认为收入的时间为准。

4.5.2　纳税期限

营业税的纳税期限分别为 5 日、10 日、15 日、1 个月或者 1 个季度。纳税人的具体纳税期限，由主管税务机关根据纳税人应纳税额的大小分别核定；不能按照固定期限纳税的，可以按次纳税。

纳税人以 1 个月或者 1 个季度为一个纳税期的，自期满之日起 15 日内申报纳税；以 5 日、10 日或者 15 日为一个纳税期的，自期满之日起 5 日内预缴税款，于次月 1 日起 15 日内申报纳税并结清上月应纳税款。

银行、财务公司、信托投资公司、信用社、外国企业常驻代表机构的纳税期限为一个季度。金融机构每季度末最后一旬应得的贷款利息收入，可以在本季度缴纳营业税，也可以在下季度缴纳营业税，但确定后一年内不得变更。其他的金融机构以一个月为纳税期限。

4.5.3　纳税地点

纳税人提供应税劳务应当向其应税劳务发生地的主管税务机关申报纳税。但是，建筑业、转让土地使用权、销售或者出租不动产的另有规定。

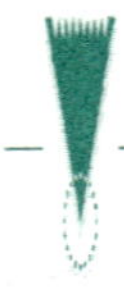

扣缴义务人应当向其机构所在地或者居住地的主管税务机关申报缴纳其扣缴的税款。纳税地点的基本规定如表 4－4 所示：

表 4－4　　纳税地点的基本规定

具体行为	纳税地点
纳税人提供应税劳务	应当向其应税劳务发生地的主管税务机关申报纳税
纳税人从事运输业务	应当向其机构所在地的主管税务机关申报纳税
纳税人转让、出租土地使用权	应当向其土地所在地的主管税务机关申报纳税
纳税人转让无形资产	应当向其机构所在地或者居住地的主管税务机关申报纳税
纳税人销售、出租不动产	应当向不动产所在地的主管税务机关申报纳税
纳税人提供的应税劳务发生在外县（市）	应向应税劳务所在地主管税务机关申报纳税而未申报纳税的，由其机构所在地或者居住地主管税务机关补征税款
纳税人提供建筑业劳务	在建筑业应税劳务发生地纳税
纳税人承包的工程跨省的	应当向其机构所在地的主管税务机关申报纳税
纳税人在本省、自治区、直辖市范围内提供建筑业劳务	其纳税地点需要调整的，由省、市、自治区、直辖市人民政府所属税务机关确定
扣缴义务人代扣建筑业营业税	解缴地点为该工程建筑业应税劳务发生地
扣缴义务人代扣代缴跨省工程的营业税	解缴地点为被扣缴义务人的机构所在地

第 5 章

关税与进出口税收

5.1 关税基础

5.1.1 纳税人与征税范围

(1) 纳税人。进口货物的收货人、出口货物的发货人、进出境物品的所有人是关税的纳税义务人。

凡是自行经营进出口业务的，由收货人、发货人自行申报纳税；由外贸企业代理进出口业务的，则由办理进出口业务的外贸企业代为申报纳税；非贸易性物品的纳税人是物品的持有人、所有人或收件人。

(2) 征税范围。关税的征税范围是进出境的货物和物品。货物是指贸易型商品；物品包括入境旅客随身携带的行李和物品、个人邮递物品、各种运输工具上的服务人员携带进口的自用物品、馈赠物品，以及其他方式进入我国国境的个人物品。

关　境

"境"指关境，关境指一个国家海关法令完全实施的领域。国境与关境的关系有以下三种：

(1) 国境=关境——通常情况下两者是一致的；

(2) 国境<关境——几个国家组成关税同盟，形成共同的边境，实施统一的关税法令和对外税则，成员国之间不征关税，只对非成员国征税，比如欧盟；

(3) 国境>关境——一国在国境内设立了自由贸易区、自由港，这些区域就关税而言处在关境之外，如我国香港、澳门是我国的单独关境区。

5.1.2 关税税则、税目和税率

(1) 关税税则、税目。关税税则又称海关税则。它是一国对进出口商品计征关税的规章和对进出口的应税和免税商品加以系统分类的一览表。海关凭此征收关税，是关税政策的具体体现。

从2002年1月1日起实施的《中华人民共和国海关进出口税则》包括正文和附录两大部分，正文包括海关进口税则和出口税则，附录是进口商品税目税率表，进口商品关税配额税目税率表，进口商品税则暂定税率表，出口商品税则暂定税率表，入境旅客行李物品和个人邮递物品税目税率表，非全税目信息技术产品税率表等附表。截至2010年，我国关税税则税目共增至7923个。

(2) 进口关税税率：

①最惠国税率。适用于原产于共同适用最惠国待遇条款的WTO成员国或地区的进口货物，或原产于与我国签订有相互给予最惠国待遇条款的双边贸易协定的国家或地区的进口的货物，以及原产于我国境内的进口货物。

②协定税率。适用于原产于与我国签订含有关税优惠条款的区域性贸易协定的国家或地区的进口货物。

③特惠税率。适用于原产于与我国签订含有特殊关税优惠调控的贸

易协定的国家或地区的进口货物。

④普通税率。适用于原产于第①、②、③所列以外的国家或地区的进口货物，以及原产地不明的进口货物。

⑤配额税率。配额内关税是对一部分实行关税配额的货物，按低于配额外税率的进口税率征收的关税。

⑥暂定税率。暂定税率是对部分货物在使用最惠国税率的前提下，通过法律程序暂时实施的进口税率。进口暂定税率低于最惠国税率。

⑦附加关税，亦称特别关税。一般是在正常征收关税的基础上加征的一种关税，包括反倾销税、反补贴税、保障措施关税和报复性关税。任何国家或地区如对进口原产于我国的货物征收歧视性关税或给予其他歧视性待遇的，海关可以对原产于该国家或者地区的进口货物征收特别关税，它是国际经济斗争中的一个重要防范手段。征收特别关税的货物、适用国别、税率、期限和征收办法，由国务院关税税则委员会决定。

反倾销与反补贴税。反倾销与反补贴税是指进口国海关对外国的倾销商品，在征收关税的同时附加征收的一种特别关税，其目的在于抵消他国补贴。世贸组织在《反倾销和反补贴税》条款中规定："各缔约方有权采取合理的反倾销和反补贴措施，作为对倾销和补贴等不公平贸易行为的正当防卫。反倾销税和反补贴税的幅度依据倾销和补贴幅度，而不受关税约束的限制。"

保障措施关税。当某类商品进口量剧增，对我国相关产业带来巨大威胁或损害时，按照 WTO 有关规则，可以启动一般保障措施，即在与有实质利益的国家或地区进行磋商后，在一定时期内提高该项商品的进口关税或采取数量限制措施，以保护国内相关产业不受损害。

报复性关税。报复性关税是指为报复他国对本国出口货物的关税歧视，而对相关国家的进口货物征收的一种进口附加税。任何国家或者地区对其进口的原产于我国的货物征收歧视性关税或者给予其他歧视性待遇的，我国对原产于该国家或者地区的进口货物征收报复性关税。

5.1.3 关税的原产地规则

我国原产地规定基本上采用了"全部产地生产标准"、"实质性加

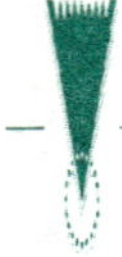

工标准”两种国际上通用的原产地标准。

全部产地生产标准主要涉及矿产品和动物。这项标准适用于完全在受惠国生产的产品，而含有外国原材料、零部件的货物，不适用这一标准。完全在一国生产的货物主要有十类：

（1）从一国的土地、领域内或从其海底采集的矿物；

（2）在一国收获或采用的植物产品；

（3）在一国出生或饲养的活动物；

（4）从一国的活动物所取得的产品；

（5）在一国狩猎或捕捞所得的产品；

（6）从事海洋渔业所得的产品以及由某国船只在海上取得的其他产品；

（7）由一国的加工船利用上项所列各产品加工所得的产品；

（8）如某国对海底及其底土拥有单独开采的权力，该国从领海以外的海底或底土中采得的产品；

（9）在一国收集并只适于回收其原料用的废旧物品和在加工制造过程中所产生的废碎料；

（10）由一国仅利用上述第（1）至（9）项所列的各种本国产物所生产的产品。

实质性加工标准是指进口原料或部件在受惠国经过实质性改变而成为另一种不同性质的商品，受惠国才能作为该商品的原产国。适用于确定有两个或两个以上国家参与生产的产品的原产国的标准，以最后一个对货物进口经济上可以视为实质性加工的国家作为有关货物的原产国。采用实质性改变标准来确定货物原产地，主要是通过以下三种方法：

（1）改变税号法，即货物经某国生产后其税则归类发生了变化，改变了税号，就应以该国为货物的原产地。

（2）列出加工程度表法，即产品在某国生产时必须达到加工程度表所列要求，才能视该国为货物的原产地。

（3）从价百分比法，即产品在某国进行加工生产所增加的价值相当于或超过规定的百分比率时（现为30%），即将该国视为货物的原产地。

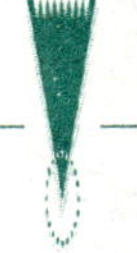

5.2 关税的计算与申报

5.2.1 关税的计税依据

(1) 进口货物的完税价格。进口货物以海关审定的到岸价格（CIF：Cost, Insurance & Freight）为完税价格。其中，Cost 指进口货物的成交价格（即进口货物购买成本）；Insurance & Freight 指进口货物运抵境内输入地点起卸前的保险费和运输费。

如果进口货物是以境外口岸的离岸价格（FOB：Free On Board）计价，则应另加运输途中的保险费和运输费，将离岸价格换算为到岸价格。

进口货物的成交价格。进口货物的成交价格应当符合下列条件：

①对买方处置或者使用该货物不予限制，但法律、行政法规规定实施的限制、对货物转售地域的限制和对货物价格无实质性影响的限制除外；

②该货物的成交价格没有因搭售或者其他因素的影响而无法确定；

③卖方不得从买方直接或者间接获得因该货物进口后转售、处置或者使用而产生的任何收益，或者虽有收益但能够按照规定进行调整；

④买卖双方没有特殊关系，或者虽有特殊关系但未对成交价格产生影响。

进口货物的下列费用应当计入完税价格：

①由买方负担的向自己的采购代理人支付的购货佣金以外的佣金和经纪费；

②由买方负担的在审查确定完税价格时与该货物视为一体的容器的费用；

③由买方负担的包装材料费用和包装劳务费用；

④与该货物的生产和向我国境内销售有关的，由买方以免费或者以低于成本的方式提供并可以按适当比例分摊的料件、工具、模具、消耗

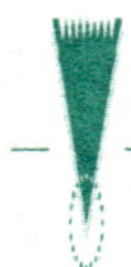

材料及类似货物的价款，以及在境外开发、设计等相关服务的费用；

⑤作为该货物向我国境内销售的条件，买方必须支付的与该货物有关的特许权使用费；

⑥卖方直接或者间接从买方获得的该货物进口后转售、处置或者使用的收益。

下列项目不计入进口货物完税价格：

①厂房、机械、设备等货物进口后进行建设、安装、装配、维修和技术服务的费用；

②进口货物运抵境内输入地点起卸后的运输及其相关费用、保险费；

③进口关税及国内税收；

④为在境内复制进口货物而支付的费用；

⑤境内外技术培训及境外考察费用。

海关估价方法。进口货物的成交价格不符合规定条件的，或者成交价格不能确定的，海关依次以下列价格估定该货物的完税价格：

①与该货物同时或者大约同时向我国境内销售的相同货物的成交价格；

②与该货物同时或者大约同时向我国境内销售的类似货物的成交价格；

③与该货物进口的同时或者大约同时，将该进口货物、相同或者类似进口货物在第一级销售环节销售给无特殊关系买方最大销售总量的单位价格，但应当扣除本扣除在第一环节销售时通常的利润、一般费用及通常支付的佣金；进口货物运抵境内输入地点起卸后的运输费、保险费及其相关费用；进口关税及国内税收。

④按照下列各项总和计算的价格：生产该货物所使用的料件成本和加工费用，向我国境内销售同等级或者同种类货物通常的利润和一般费用，该货物运抵境内输入地点起卸前的运输及其相关费用、保险费；

⑤以合理方法估定的价格。

特殊进口货物完税价格：

①加工贸易进口料件及其制成品：

第一，进口时需征税的进料加工进口料件，以该料件申报进口时的价格估定。

第二，内销的进料加工进口料件或其制成品，以料件原进口时的价格估定。

第三，内销的来料加工进口料件或其制成品，以料件申报内销时的价格估定。

第四，出口加工区内的加工企业内销的制成品，以制成品申报内销时的价格估定。

第五，保税区内的加工企业内销的进口料件或其制成品，分别以料件或制成品申报内销时的价格估定。

第六，加工贸易加工过程中产生的边角料，以申报内销时的价格估定。

②保税区、出口加工区货物。从保税区或出口加工区销往区外的、从报税仓库出库内销的进口货物（加工贸易进口料件及其制成品除外），以海关审定的价格估定完税价格。

③运往境外修理的货物。运往境外修理的机械器具、运输工具或其他货物，出境时已向海关报明，并在海关规定期限内复运进境的，应当以海关审定的境外修理费和料件费为完税价格。

④运往境外加工的货物。运往境外加工的货物，出境时已向海关报明，并在海关规定期限内复运进境的，应当以海关审定的境外加工费和料件费以及该货物复运进境的运输及其相关费用、保险费估定完税价格。

［案例5－1］ 某企业2010年将以前年度进口的设备运往境外修理，设备进口时成交价格290万元，发生境外运费和保险费共计30万元；在海关规定的期限内复运进境，进境时同类设备价格325万元；发生境外修理费40万元，料件费45万元，境外运输费和保险费共计15万元，进口关税税率20%。运往境外修理的设备报关进口时应纳进口环节税金是多少？

解析：运往境外修理的机械器具、运输工具或其他货物，出境时已向海关报明，并在海关规定期限内复运进境的，应当以海关审定的境外修理费和料件费为完税价格。

运往境外修理的设备报关进口时应纳进口环节税金＝（40＋45）×20%＋（40＋45）×（1＋20%）×17%＝34.34（万元）

⑤暂时进境货物。对于经海关批准的暂时进境的货物，应当按照一

般进口货物估价办法的规定估定完税价格。

⑥租赁方式进口货物。租赁方式进口的货物中，以租金方式对外支付的租赁货物，在租赁期间以海关审定的租金作为完税价格；留购的租赁货物，以海关审定的留购价格作为完税价格；承租人申请一次性缴纳税款的，经海关同意，按照一般进口货物估价办法的规定估定完税价格。

⑦留购的进口货样等。对于境内留购的进口货样、展览品和广告陈列品，以海关审定的留购价格作为完税价格。

⑧予以补税的减免税货物。减税或免税进口的货物需予补税时，应当以海关审定的该货物原进口时的价格，扣除折旧部分价值作为完税价格，其计算公式如下：

完税价格 = 海关审定的该货物原进口时的价格 × ［1 – 申请补税时实际已使用的时间（月）÷（监管年限 ×12）］

［案例 5 –2］ 2008 年 6 月 1 日，某公司经批准进口一台符合国家特定免征关税的科研设备用于研发项目，设备进口时经海关审定的完税价格折合人民币 2 400 万元（关税税率为 10%），海关规定的监管年限为 5 年；2010 年 5 月 31 日，公司研发项目完成后，将已计提折旧 600 万元的免税设备出售给国内另一家企业。

该公司应补缴关税 =2 400 ×（1 – 2 ÷5）×10% =144（万元）

⑨以其他方式进口的货物。以易货贸易、寄售、捐赠、赠送等其他方式进口的货物，应当按照一般进口货物估价办法的规定，估定完税价格。

（2）出口货物的完税价格。出口货物的完税价格由海关以该货物的成交价格以及该货物运至我国境内输出地点装载前的运输及其相关费用、保险费为基础审查确定。

出口货物的成交价格，是指该货物出口时卖方为出口该货物应当向买方直接收取和间接收取的价款总额。出口关税、价款中单独列明的运输及相关费用、价款中单独列明由卖方承担的佣金，不计入完税价格。

出口货物的成交价格不能确定的，海关经了解有关情况，并与纳税义务人进行价格磋商后，依次以下列价格估定该货物的完税价格：

①与该货物同时或者大约同时向同一国家或者地区出口的相同货物的成交价格；

②与该货物同时或者大约同时向同一国家或者地区出口的类似货物的成交价格；

③按照下列各项总和计算的价格：境内生产相同或者类似货物的料件成本、加工费用，通常的利润和一般费用，境内发生的运输及其相关费用、保险费；

④以合理方法估定的价格。

（3）实付或应付价格调整规定如表 5－1 所示：

表 5－1　　计入完税价格与不计入完税价格的项目表

需要计入完税价格的项目	不需要计入完税价格的项目
下列费用或者价值未包括在进口货物的实付或者应付价格中，应当计入完税价格： ①由买方负担的除购货佣金以外的佣金和经纪费；“购货佣金”指买方为购买进口货物向自己的采购代理人支付的劳务费用。“经纪费”指买方为购买进口货物向代表买卖双方利益的经纪人支付的劳务费用； ②由买方负担的与该货物视为一体的容器费用； ③由买方负担的包装材料和包装劳务费用； ④与该货物的生产和向我国境内销售有关的，由买方以免费或者以低于成本的方式提供并可以按适当比例分摊的料件、工具、模具、消耗材料及类似货物的价款，以及在境外开发、设计等相关服务的费用； ⑤作为该货物向我国境内销售的条件，买方必须支付的、与该货物有关的特许权使用费； ⑥卖方直接或者间接从买方获得的该货物进口后转售、处置或者使用的收益	下列费用，如能与该货物实付或者应付价格区分，不得计入完税价格： ①厂房、机械、设备等货物进口后的基建、安装、装配、维修和技术服务的费用； ②货物运抵境内输入地点之后的运输费用； ③进口关税及其他国内税

几种与完税价格有关的价格

①FOB 价格 完税价格 = FOB/（1 + 出口关税税率）

②CFR 价格 完税价格 =（CFR－运费）/（1 + 出口关税税率）

③CIF 价格 完税价格 =（CIF－运费－保险费）/（1－出口关税税率）

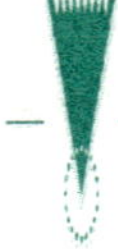

(4) 完税价格中运输及相关费用、保险费的计算:

①一般进口。海运进口的算至运抵境内的卸货口岸;陆运进口的算至运抵关境的第一口岸或目的口岸;空运进口的算至进入境内的第一口岸或目的口岸。

无法确定实际运保费的,按照同期同行业运费率计算运费,按照(货价+运费)×3‰计算保险费,将计算出的运保费并入完税价格。

②其他方式进口。邮运进口的按邮费视同;境外口岸成交的依货价1%计算;自驾进口的运输工具不另行计入运费。

③出口货物的完税价格中不包括离境口岸至境外口岸之间的运保费。

5.2.2 关税的计算

(1) 从价计税法:

关税税额=应税进(出)口货物数量×单位完税价格×税率

从价计税法是以进出口货物的价格作为计税标准计缴的关税,具有税负公平、明确,易于实施,计征简便等优点。大多数进出口商品都采用从价税。

[案例5-3] 某进出口公司从国外进口一批设备共300件,货物以境外口岸离岸价格(FOB)成交,单位价格为每件人民币1 000元,买方承担包装费每件40元,另向卖方支付佣金每件10元人民币,向自己的采购代理人支付佣金每件30元人民币,已知该货物运抵中国海关境内输入地起卸前的包装、运输、保险和其他劳务费用为每件20元人民币,进口后另发生运输和装卸费用为每件30元人民币,关税税率10%。计算该批设备应纳关税。

应纳关税=300×(1 000+40+10+20)×10% =32 100(元)

[案例5-4] 一化工企业进口一台化工设备,海关审定其价值折合人民币300万元,运费折合人民币10万元,该批货物进口关税税率为10%。计算该设备应纳关税。

关税完税价格=(300+10)+(300+10)×3‰

=310.93(万元)

应纳关税=310.93×10% =31.093(万元)

(2) 从量计税法:

关税税额 = 应税进（出）口货物数量 × 单位货物税额

从量计税法是以货物的计量单位（数量、重量、容积、长度等）作为计税标准而设定的定额税率，其特点是不因商品价格的涨落而改变应纳税额，手续简便，但税负不合理。目前，我国仅对啤酒、胶卷等少数商品采用此类方法。

[案例 5－5] 某企业进口啤酒 300 万升，国家规定其普通税额标准为 7.5 元/升。计算该企业应纳关税税额。

应纳关税 = 300 × 7.5 = 2 250（万元）

（3）复合计税法：

关税税额 = 应税进（出）口货物数量 × 单位货物税额 + 应税进（出）口货物数量 × 单位完税价格 × 税率

复合计税是对进出口商品同时使用从量和从价税计征的一种计征关税的方法，一般先计征从量税，再计征从价税。其特点是既可发挥从量税抑制低价商品进口，又可发挥从价税税负合理的特点，但因手续繁杂，难以普遍采用，目前我国仅对录像机、放像机、摄像机和摄录一体机实行复合计税。

[案例 5－6] 某企业进口录像机两台，完税价格为 3 000 美元/台，根据税则规定，每台从量税为 4 374 元，从价税为 3%，当日外汇牌价 1:6.5。计算该企业应纳关税税额。

应纳关税 =（4 374 + 3 000 × 6.5 × 3%）× 2 = 9 918（元）

（4）滑准计税法：

应纳关税 = 应税进（出）口货物数量 × 单位完税价格 × 滑准税税率

滑准税是一种随进口商品价格由高到低而由低至高设置关税税率的关税计征方法，即进口商品的价格越高，其关税税率越低，反之，则税率越高。其特点是可保持滑准税商品的国内市场价格相对稳定，尽可能减少国际市场价格波动的影响。目前我国对新闻纸实行滑准税。

5.2.3 关税的申报、缴纳与退补

（1）关税的申报缴纳：

[案例 5－7] 某商业企业有国外进口 A 商品一批，完税价格 8 400 000元，关税税率为 20%，增值税税率 17%，另外支付国内运杂

费 7 200 元（其中运费 6 000 元，增值税进项税额 420 元），则该企业应如何缴纳进口税收？

应纳关税 = 8 400 000 × 20% = 1 680 000（元）

增值税组成计税价格 = 8 400 000 + 1 680 000 = 10 080 000（元）

增值税进项税额 = 10 080 000 × 17% = 1 713 600（元）

[案例 5－8] 某出口企业 2010 年 7 月 1 日出口一批锡矿砂及其精矿，经海关审定的出口数量为 1 万吨，每吨 680 元。完税价格为 680 万元，该货物出口关税税率为 20%，则其应纳关税是多少？应如何填报专用缴款书（格式见表 5－2）？

应纳出口关税 = 6 800 000 × 20% = 1 360 000（元）

表 5－2　　海关（进出口关税）专用缴款书

收入系统：　　　填发日期：2010 年 7 月 1 日　　　No.

收款单位	收入机关			缴款单位（人）	名　称	
	科　目				账　号	
	收款国库				开户银行	
税号	货物名称	数量	单位	完税价格（￥）	税率（%）	税款金额（￥）
26090000	锡矿砂及其精矿	10 000 吨		6 800 000	20	1 360 000
金额人民币（大写）				合计（￥）		
申请单位编号		报关单编号			填制单位	收款国库（银行）
合同（批文）号		运输工具（号）				
缴款期限	年　月　日	提/装货单号			制单人	
备注					复核人	

第一联：收据　国库收款签章后交缴款单位或缴款人

（2）关税的强制执行措施：

一是征收关税滞纳金。滞纳金自关税缴纳期限届满滞纳之日起至纳税义务人缴纳关税之日止，按滞纳税款万分之五的比例按日征收，周末或法定节假日不予扣除。具体计算公式为：

关税滞纳金金额 = 滞纳关税税额 × 滞纳金征收比率 × 滞纳天数

二是强制征收。如纳税义务人自海关填发缴款书之日起三个月仍未缴纳税款，经海关关长批准，海关可以采取强制扣缴、变价抵缴等强制

措施。

[案例 5 -9] 某公司进口货物一批，CIF 成交价格为人民币2 400 万元，含单独计价并经海关审核属实的进口后装配调试费用 120 万元，该货物进口关税税率为 10%，海关填发税款缴纳证日期为 2010 年 1 月 10 日，该公司于 1 月 25 日缴纳税款。计算其应纳关税及滞纳金。

解析：先判断进口货物完税价格为 CIF 成交价格 - 进口后装配调试费

关税完税价格 =2 400 - 120 =2 280（万元）

关税税额 =2 280 ×10% =228（万元）

纳税人应当自海关填发税款缴款书之日起 15 日内完税，该公司应于 1 月 24 日前纳税，该公司 25 日纳税滞纳 1 天，滞纳金为 228 万元 × 0.5‰ =1 140（元）。

（3）关税的退还。有下列情况之一的，进出口货物的收发货人或其代理人，可以自缴纳税款之日起一年内，书面声明理由，连同原纳税收据向海关申请退税并加算银行同期活期存款利息，逾期不予受理：

①因海关误征，多纳税款的。

②海关核准免验进口的货物，在完税后，发现有短卸情形，经海关审查认可的。

③已征出口关税的货物，因故未将其运出口，申报退关，经海关查验属实的。

另外，对已征出口关税的出口货物和已征进口关税的进口货物，因货物品种或规格原因（非其他原因）原状复运进境或出境的，经海关查验属实的，也应退还已征关税。

（4）关税的补征和追征。进出口货物完税后，如发现少征或漏征税款，海关应当自缴纳税款或者货物放行之日起一年内，向纳税义务人补征；因收发货人或其代理人违反规定而造成的少征或者漏征的，海关在三年内可以追征，并从缴纳税款之日起按日加收少征或漏征税款万分之五的滞纳金。因特殊情况，追征期可延至 10 年。骗取退税款的，无限期追征。

5.3 进出口税收

5.3.1 进口增值税与消费税

目前，我国进口货物主要涉及增值税和关税，属于应税消费品的还需缴纳消费税。

(1) 进口货物应纳增值税税额的计算：

纳税人申报进入中华人民共和国海关境内的货物都应缴纳增值税。不论一般纳税人还是小规模纳税人均应按照组成计税价格和税法规定的税率计算应纳税额，不得抵扣任何税额。

组成计税价格和应纳税额计算公式：

组成计税价格 = 关税完税价格 + 关税

应纳税额 = 组成计税价格 × 税率

需要说明的是：①上述“不得抵扣任何税额”是指在计算进口环节的应纳增值税额时，不能抵扣在中国境外的各项税金；②若该进口货物同时还要缴纳消费税，则其组成计税价格还应包括缴纳的消费税，其计算公式为：组成计税价格 = 关税完税价格 + 关税 + 消费税

[案例 5-10] 某有进出口经营权的图书销售企业为增值税一般纳税人，2010 年进口图书一批，关税完税价格 1 500 000 元，关税额 30 000元，进口后入库时该批图书的 20% 因人为失误毁损，当月该企业销售图书不含税收入 2 400 000 元，进口环节海关代征增值税多少元？当月该企业应向税务机关缴纳增值税多少元？

解析：进口环节海关代征增值税 = (1 500 000 + 30 000) × 13%
= 198 900 (元)

企业可抵扣进项税 = 198 900 × 80% = 159 120 (元)

企业应向税务机关缴纳的增值税 = 2 400 000 × 13% - 159 120
= 312 000 - 159 120 = 152 880 (元)

[案例 5-11] 某进出口公司进口办公设备 200 台，每台进口关税

完税价格为30 000元，当月以每台52 650元的含税价格出售180台，支付购货运费12 000元，支付销货运费3 000元。计算该进出口公司当月应缴的增值税税额。（假定进口关税税率为15%）

进口货物应纳关税＝200×30 000×15%＝900 000（元）

组成计税价格＝200×30 000＋900 000＝6 900 000（元）

进口环节应纳增值税税额＝6 900 000×17%＝1 173 000（元）

当月内销售货物增值税销项税额＝180×52 650/（1＋17%）×17%
＝1 377 000（元）

运输费用允许抵扣进项税额＝（12 000＋3 000）×7%
＝1 050（元）

当月内销售货物应纳增值税额＝1 377 000－（1 173 000＋1 050）
＝202 950（元）

（2）进口应税消费品消费税的计算：

进口的应税消费品于报关时缴纳消费税，由海关代征。进口应税消费品按照组成计税价格计算应纳税额。计算公式如下：

①从价定率法：

组成计税价格＝（关税完税价格＋关税）÷（1－消费税税率）

应纳税额＝组成计税价格×消费税税率

公式中“关税完税价格”是指海关核定的关税计税价格。

②从量定额法：

应纳税额＝应税消费品数量×消费税单位税额

③实行复合计税办法计算的，除了按上述方法确定计税价格以外，还应当以海关核定的应税消费品征税数量为计税依据（如卷烟、白酒），按照规定的适用税率和税额标准计算缴纳。

应纳税额＝组成计税价格×消费税税率＋应税消费品数量×消费税单位税额

进口环节消费税除国务院另有规定者外，一律不得给予减税、免税。

［案例5－12］ 某外贸企业进口汽车轮胎一批，经海关审定，其到岸价格为450 000元，关税适用税率20%，汽车轮胎适用消费税税率为3%。计算应缴纳消费税。

组成计税价格＝（450 000＋450 000×20%）÷（1－3%）

=556 701（元）

应纳消费税额 = 556 701 ×3% =16 701（元）

［**案例5－13**］某公司从境外进口小轿车30辆，每辆小轿车货价15万元，运抵我国海关前发生的运输费用、保险费用无法确定，经海关查实其他运输公司相同业务的运输费用占货价的比例为2%。关税税率60%，消费税税率9%。分别计算进口环节缴纳的各项税金。

解析：小轿车在进口环节应缴纳关税、消费税、增值税：

①进口小轿车的货价 =15 ×30 =450（万元）

②进口小轿车的运输费 =450 ×2% =9（万元）

③进口小轿车的保险费 =（450 +9）×3‰ =1.38（万元）

④进口小轿车应缴纳的关税：

关税完税价格 =450 +9 +1.38 =460.38（万元）

应缴纳关税 =460.38 ×60% =276.23（万元）

⑤进口环节小轿车应缴纳的消费税：

消费税组成计税价格 =（460.38 +276.23）÷（1 －9%）

=809.46（万元）

应缴纳消费税 =809.46 ×9% =72.85（万元）

⑥进口环节小轿车应缴纳增值税：

应缴纳增值税 =809.46 ×17% =137.61（万元）

5.3.2 出口退税

（1）出口货物增值税退税：

为了鼓励本国产品的出口，提高本国出口产品在国际市场上的竞争力，世界各国都普遍采取出口货物退（免）税政策。即对出口环节生产或销售货物的增值部分免征增值税，对出口货物前一道环节所含的进项税额进行退付。

我国对出口货物实行的税收政策分为三种形式：①出口免税并退税。该政策是指对货物在出口销售环节不征增值税、消费税，对货物在出口前实际承担的税收负担，按规定的出口退税率计算后予以退还。②出口免税不退税。免税同样是指出口销售环节不征增值税、消费税，适用该政策的货物因在前一道生产、销售环节或进口环节是免税的，其价格中本身就是不含税的，因此也无需退税。③出口不免税也不退税。

适用该政策的主要是税法列举限制或禁止出口的货物，如麝香、天然牛黄、原油等。对于这些货物的出口环节视同国内销售，照常征税，同时也不退还出口前其所负担的税款。

不同的出口货物适用不同的税收政策，因此，并非所有的出口货物都要计算退税额。只有在适用免税并退税的税收政策时，才会涉及计算退税问题。

由于各类出口企业对出口货物的会计核算不同，有的对出口货物单独核算，有的对出口货物和内销货物统一核算。与此相适应，有两种退税计算方法：一是“免、抵、退”税，主要适用于自营和委托出口自产货物的生产企业；二是“先征后退”，主要适用于收购货物出口的外（工）贸企业。

①“免、抵、退”税的计算方法：

该方法中的“免”税，是指对生产企业出口的自产货物，免征本企业生产销售环节的增值税；“抵”税，是指生产企业出口自产货物所耗用的原材料、零部件、燃料等所含的已经缴纳的增值税款，抵顶内销货物或应税劳务的应纳税额；“退”税是指企业出口自产货物在当月内应抵顶的进项税额大于应纳税额时，对未抵顶完的部分予以退税。

“免、抵、退”税的计算过程及相关公式如下：

当期应纳税税额的计算：

当期应纳税额 = 当期内销货物的销项税额 -（当期进项税额 - 当期免抵退税不得免征和抵扣税额）- 上期留抵税额

其中，当期免抵退税不得免征和抵扣税额 = 出口货物离岸价 × 外汇人民币牌价 ×（出口货物征税率 - 出口货物退税率）- 免抵退税不得免征和抵扣税额抵减额

免抵退税不得免征和抵扣税额抵减额 = 免税购进原材料价格 ×（出口货物征税率 - 出口货物退税率）

出口货物离岸价（FOB）以出口发票计算的离岸价为准。

若当期没有免税购进原材料价格，上述公式中的免抵退税不得免征和抵扣税额抵减数，以及免抵退税额抵减额，不需要计算。

免抵退税额的计算：

当期免抵退税额 = 出口货物离岸价 × 外汇人民币牌价 × 出口货物退税率 - 免抵退税额抵减额

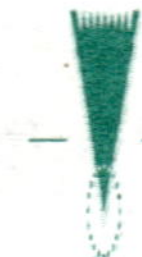

其中，免抵退税额抵减额 = 免税购进原材料价格 × 出口货物退税率

当期应退税额和免抵税额的计算：

第一，若当期期末留抵税额 ≤ 当期免抵退税额，则

当期应退税额 = 当期期末留抵税额

当期免抵税额 = 当期免抵退税额 - 当期应退税额

第二，若当期期末留抵税额 > 当期免抵退税额，则

当期应退税额 = 当期免抵退税额

当期免抵税额 = 0

当期期末留抵税额根据当期《增值税纳税申报表》中"期末留抵税额"确定。

上述各公式中的"外汇人民币牌价"可以选择销售发生当天或者当月 1 日的人民币汇率中间价。纳税人应在事先确定采用何种折算率，确定后一年内不得变更。

[案例 5-14] 某自营出口生产企业是增值税一般纳税人，出口货物的征税税率为 17%，退税税率为 11%，上月末留抵税款 6 万元。2009 年 1 月发生以下业务：

①外购原材料，支付价款 400 万元，增值税额 68 万元，取得增值税专用发票；

②本月内销货物取得不含税收入 200 万元；

③本月出口货物的销售额折合人民币 400 万元。

根据上述资料，免抵退税的计算如下：

①当期免抵退税不得免征和抵扣税额 = 400 × （17% - 11%）
= 24（万元）

②当期应纳税额 = 200 × 17% - （68 - 24） - 6 = 34 - 44 - 6
= -16（万元）

③出口货物"免、抵、退"税额 = 400 × 11% = 44（万元）

④ 按规定，如当期末留抵税额 ≤ 当期免抵退税额时：

当期应退税额 = 当期期末留抵税额

即该企业当期应退税额 = 16（万元）

⑤当期免抵退额 = 当期免抵退税额 - 当期应退税额

当期免抵税额 = 44 - 16 = 28（万元）

②"先征后退"的计算方法：

第一，外贸企业出口退税的计算：

对有进出口经营权的外贸企业收购货物直接出口或委托其他外贸企业代理出口货物，应按照购进货物所取得的增值税专用发票上注明的进项税额和该货物适用的退税率计算退税。其计算公式为：

应退税额 = 购进货物的进项税额 × 退税率

或者：应退税额 = 外贸收购不含增值税购进金额 × 退税率

外贸企业委托生产企业加工收回后出口的货物，按照购进国内原辅材料的增值税专用发票的进项税额和相应的退税率计算原辅材料的退税额。支付的加工费，凭受托方开具货物的退税率，计算加工费的退税额。计算公式如下：

应退税额 = 购进国内原辅材料的进项税额 × 相应退税率 + 加工费 × 相应退税率

第二，购进小规模纳税人出口货物退税的计算：

从小规模纳税人购进特准退（免）税的抽纱、工艺品、香料等12类出口货物同样适用免税并退税的税收政策。由于小规模纳税人开具的是普通发票，发票所列销售额为含税销售额，因此，需将含税销售额换算为不含税销售额，计算公式如下：

应退税额 = 普通发票所列含税销售额 ÷ （1 + 征收率） × 退税率

从小规模纳税人购进税务机关代开的增值税专用发票的出口货物，退税额计算公式如下：

应退税额 = 增值税专用发票注明的金额 × 退税率

［案例5－15］ 某进出口公司2009年5月出口一批布匹60 000米，进货增值税专用发票列明单价每米15元，退税率13%。

其应退税额为：60 000 × 15 × 13% = 117 000（元）

（2）出口货物消费税退税：

①适用政策。出口应税消费品退（免）消费税在政策上分为以下三种情况：

第一，出口免税并退税。适用这个政策的是：有出口经营权的外贸企业购进应税消费品直接出口，以及外贸企业受其他外贸企业委托代理出口应税消费品。这里需要重申的是，外贸企业只有受其他外贸企业委托，代理出口应税消费品才可办理退税，外贸企业受其他企业（主要是非生产性的商贸企业）委托，代理出口应税消费品是不予退（免）

税的。这个政策限定与前述出口货物退（免）增值税的政策规定是一致的。

第二，出口免税但不退税。适用这个政策的是：有出口经营权的生产性企业自营出口或生产企业委托外贸企业代理出口自产的应税消费品，依据其实际出口数量免征消费税，不予办理退还消费税。这里，免征消费税是指对生产性企业按其实际出口数量免征生产环节的消费税。不予办理退还消费税，是指因已免征生产环节的消费税，该应税消费品出口时，已不含有消费税，所以也无须再办理退还消费税了。这项政策规定与前述生产性企业自营出口或委托代理出口自产货物退（免）增值税的规定是不一样的。其政策区别的原因是，消费税仅在生产企业的生产环节征收，生产环节免税了，出口的应税消费品就不含有消费税了；而增值税却在货物销售的各个环节征收，生产企业出口货物时，已纳的增值税就需退还。

第三，出口不免税也不退税。适用这个政策的是：除生产企业、外贸企业外的其他企业，具体是指一般商贸企业，这类企业委托外贸企业代理出口应税消费品一律不予退（免）税。

②出口应税消费品退税额的计算：

外贸企业从生产企业购进货物直接出口或受其他外贸企业委托代理出口应税消费品的应退消费税税款，分两种情况处理：

属于从价定率计征消费税的应税消费品，应依照外贸企业从工厂购进货物时征收消费税的价格计算应退消费税税款，其公式为：

应退消费税税款 = 出口货物的工厂销售额 × 税率

上述公式中“出口货物的工厂销售额”不包含增值税。对含增值税的价格应换算为不含增值税的销售额。

属于从量定额计征消费税的应税消费品，应依货物购进和报关出口的数量计算应退消费税税款。其公式为：

应退消费税税款 = 出口数量 × 单位税额

[案例5-16] 某外贸公司2010年7月从生产企业购进化妆品一批，取得增值税专用发票注明价款75万元，增值税12.75万元，支付收购化妆品的运输费用9万元，当月该批化妆品全部出口取得销售收入105万元。该外贸公司出口化妆品应退的消费税是多少？

解析：外贸企业从生产企业购进货物直接出口，属于从价定率计征消费税的应税消费品，计算应退消费税税款的依据是外贸企业从工厂购进货物时征收消费税的价格，及出口货物的工厂销售额，不包括其他费用。

该外贸公司出口化妆品应退的消费税为 =75×30% =22.5（万元）

[案例 5-17] 某外贸公司 2011 年 3 月从生产企业购进高尔夫球及球具一批，取得增值税专用发票注明价款 80 万元，增值税 13.6 万元，支付购进高尔夫球及球具的运输费用 9 万元，当月该批高尔夫球及球具全部出口取得销售收入 105 万元。假定增值税出口退税率 15%，该外贸公司出口高尔夫球及球具应退的增值税、消费税合计是多少？

解析：应退的增值税、消费税合计 =80×15% +80×10% =80×（15% +10%） =20（万元）

消费税出口退税规则与增值税出口退税的规则有许多差异，消费税与增值税出口退税的规则差异情况如表 5-3 所示：

表 5-3　　增值税、消费税出口退税政策对比表

	增值税出口退税	消费税出口退税
总政策	零税率	免税
退税比率	使用退税率计算退税	使用征税率计算退税
生产自产产品自营出口或委托外贸企业代理出口	采用免、抵、退税政策；运用免、抵、退税的公式和规定退税率计算退税	采用免税但不退税政策；不计算退税
外贸企业收购货物出口	采用先征后退政策；用不含增值税的收购价款和规定退税率计算退税	采用免税并退税政策；用不含增值税的收购价款和规定征税率计算退税

5.3.3　进出口税收纳税申报

进口货物的增值税及应税消费品的消费税由海关代征，于报关进口时缴纳。个人携带或者邮寄进境自用物品的增值税、消费税，连同关税一并征收。具体办法由国务院关税税则委员会会同有关部门制定。进口货物，增值税、消费税的纳税义务发生时间为报关进口的当天，由进口人或其代理人向报关地海关申报纳税，按照关税征收管理的规定，应当自海关填发海关进口增值税（消费税）专用缴款书之日起 15 日内缴

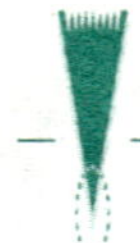

款。

进出口增值税、消费税的征收管理，依据《税收征收管理法》、《海关法》、《进出口关税条例》和《进出口税则》的有关规定执行。

[**案例 5－18**] 某公司从国外进口成套化妆品一批，经海关审定完税价格为 150 000 元，关税税率为 50%，消费税税率为 30%，增值税税率 17%。款项已支付，化妆品已验收入库。相关税务与会计处理如下：

应纳关税 = 150 000 × 50% = 75 000（元）

应纳消费税 =（150 000 + 75 000）÷（1 － 30%）× 30%
= 321 428.57 × 30%
= 96 428.57（元）

应纳增值税 =（150 000 + 75 000 + 96 428.57）× 17%
= 321 428.57 × 17%
= 54 642.86（元）

会计处理如下：

借：库存商品　　321 428.57
　　应交税费——应交增值税（进项税额）　　54 642.86
　　贷：银行存款　　376 071.43

[**案例 5－19**] 某外贸公司 2010 年 12 月从某水泥厂购入硅酸盐水泥 4 500 吨，每吨 285 元，征税率 17%，退税率 13%，取得增值税发票注明价款，已经通过认证；当月出口 4 200 吨，每吨 41 美元，外汇汇率 1:7.2。相关会计处理如下：

应退增值税额 = 285 × 4 200 × 13% = 155 610（元）

不予退还的增值税额 = 285 × 4 200 ×（17% － 13%）
= 47 880（元）

（1）购进水泥时：

借：原材料　　1 282 500
　　应交税费——应交增值税（进项税额）　　218 025
　　贷：应付账款　　1 500 525

（2）出口水泥时：

借：应收账款　　1 239 840
　　贷：主营业务收入　　1 239 840

(3) 结转不予退还的进项税额：

借：主营业务成本　47 880

　贷：应交税费——应交增值税（进项税额转出）　47 880

(4) 确认应退回的增值税：

借：应收补贴款——应收出口退税款（增值税）　155 610

　贷：应交税费——应交增值税（出口退税）　155 610

(5) 收到退税款时：

借：银行存款　155 610

　贷：应收补贴款——应收出口退税款（增值税）　155 610

对库存和销售均采用加权平均进价核算的企业，计算出应当退还的增值税和不予退还的增值税后，会计处理同上。

第6章

企业所得税

6.1

企业所得税基础

企业所得税是对我国境内的企业和其他取得收入的组织的生产经营所得和其他所得征收的所得税。其中，企业分为居民企业和非居民企业。

6.1.1 纳税人

(1) 企业所得税的纳税人。企业所得税的纳税人，是指在中华人民共和国境内的企业和其他取得收入的组织。《中华人民共和国企业所得税法》（以下简称《企业所得税法》）第一条规定，除个人独资企业、合伙企业不适用企业所得税外，凡在我国境内，企业和其他取得收入的组织（以下统称企业）为企业所得税的纳税人，依照本法规定缴纳企业所得税。

企业所得税的纳税人必须是法人单位。《中华人民共和国公司法》规定，公司是企业法人，有独立的法人财产，享有法人财产权。《中华人民共和国民法通则》规定："法人是具有民事权利能力和民事行为能力，依法独立享有民事权利和承担民事义务的组织。”这里的民事义务当然包括法人的纳税义务。在国际上，对企业征收所得税一般采用公司法人所得税的形式，有利于合理规范企业所得税的纳税人，也有利于在个人所得税和企业所得税之间划定合理界限。

（2）企业所得税纳税人的类别：

①居民企业。居民企业，是指依法在中国境内成立，或者依照外国（地区）法律成立但实际管理机构在中国境内的企业。

企业所得税纳税人的纳税义务与该国实行的税收管辖权密切相关。由于税收管辖权是国家主权的重要组成部分，而国家主权的行使一般要遵从属地原则和属人原则，因此，一国的税收管辖权在征税范围上也必须服从属地原则和属人原则。具体到企业所得税的征收，根据属地原则，一国有权对企业来源于本国境内的一切所得征税，而不论取得这笔所得的是本国企业还是外国企业；根据属人原则，一国有权对本国企业的一切所得征税，而不论这笔所得来源于本国境内还是境外。

根据我国的实际情况，借鉴国际通行做法，《企业所得税法》采用了“登记注册地标准”和“实际管辖控制地标准”相结合的办法，规定为依法在中国境内成立，或者依照外国（地区）法律成立但实际管理机构在中国境内的企业为居民企业。这里所讲的依法在中国境内成立的企业，包括依照中国法律、行政法规在中国境内成立的企业、事业单位、社会团体以及其他取得收入的组织。依照外国（地区）法律成立的企业，包括依照外国（地区）法律成立的企业和其他取得收入的组织。所称实际管理机构，是指对企业的生产经营、人员、账务、财产等实施实质性全面管理和控制的机构。

②非居民企业。非居民企业，是指依照外国（地区）法律成立且实际管理机构不在中国境内，但在中国境内设立机构、场所的，或者在中国境内未设立机构、场所，但有来源于中国境内所得的企业。

《企业所得税法》按照“登记注册地标准”和“实际管辖控制地标准”相结合的双重标准，明确了非居民企业的判断标准，即实际管理机构不在中国境内的外国企业，只要具备以下两个条件之一，即属于非居民企业：一是在中国境内设立机构、场所；二是在中国境内未设立机构、场所，但有来源于中国境内所得。

这里所称机构、场所，是指在中国境内从事生产经营活动的机构、场所，包括：

第一，管理机构、营业机构、办事机构；

第二，工厂、农场、开采自然资源的场所；

第三，提供劳务的场所；

第四，从事建筑、安装、装配、修理、勘探等工程作业的场所；

第五，其他从事生产经营活动的机构、场所；

第六，非居民企业委托营业代理人在中国境内从事生产经营活动的，包括委托单位或者个人经常代其签订合同，或者储存、交付货物等，该营业代理人视为非居民企业在中国境内设立的机构、场所。

《企业所得税法》明确规定，虽然外国企业不在我国设立机构、场所，但通过其在中国境内的代理人从事上述活动，可根据实际情况视同设立机构、场所处理。视同的条件包括以下三个方面，且必须同时具备：

第一，接受外国企业委托的主体，既可以是中国境内的单位，也可以是中国境内的个人；

第二，代理活动必须是经常的，而非偶然发生的；

第三，代理的具体行为，包括代理签订合同，或者储存、交付货物等。

6.1.2 征税对象

（1）征税对象的确定原则。居民企业应当就其来源于中国境内、境外的所得缴纳企业所得税。这是对居民企业应纳税所得额范围的规定。居民企业不仅要就其境内所得向本国政府纳税，而且还要就其境外来源的所得向本国政府纳税。居民企业就境内外一切所得（或称全球所得）向居住国政府纳税的义务，称为无限纳税义务。

非居民企业在中国境内设立机构、场所的，应当就其所设机构、场所取得的来源于中国境内的所得，以及发生在中国境外，但与其所设机构、场所有实际联系的所得，缴纳企业所得税。非居民企业在中国境内未设立机构、场所的，或者虽设立机构、场所，但取得的所得与其所设机构、场所没有实际联系的，应当就其来源于中国境内的所得缴纳企业所得税。

对非居民企业的征税，根据“登记注册地标准”和“实际管辖控制地标准”相结合的双重标准，一般非居民企业只对来源于境内的所得征税，即只就境内所得向居住国政府履行纳税义务，称为有限纳税义务。

借鉴国际上的做法，《企业所得税法》也有条件地对非居民企业的境外所得征税。这个条件就是非居民企业发生在中国境外的，但与其在中国境内所设机构、场所有实际联系的所得，依法征收企业所得税。这里所称“实际联系”，是指非居民企业取得的所得如果与其在中国境内设立的机构、场所存在以下两种关系，就属于有实际联系：

①非居民企业取得的所得，是通过该机构、场所拥有的股权、债权而取得的。例如，非居民企业通过该机构、场所对其他企业进行权益性投资或债权性投资而获得的股息、红利或利息收入，就可以认定为与该机构、场所有实际联系。

②非居民企业取得的所得，是通过该机构、场所拥有、管理和控制的财产取得的。例如，非居民企业将该机构、场所拥有、管理或控制的房产对外出租获取租金，就可以认定这笔租金收入与该机构、场所有实际联系。

《企业所得税法》对“居民企业”的判断标准，在“登记注册地”标准之外，新增加了“实际管理机构地”这一标准。按照这两个标准，那些设在国外，但由中国内地管理和控制的公司，就需要就其全球所得在中国纳税。这些公司包括在香港上市但在内地运营的红筹股企业，以及在中国设立亚太地区总部的跨国性企业。此规定将对中国企业海外发展、跨国公司在中国设立亚太地区总部产生深远的影响。

（2）征税对象：

①销售货物所得。该项所得是指企业销售商品、产品、原材料、包装物、低值易耗品以及其他存货取得的所得，按照交易活动发生地确定。

②提供劳务所得。该项所得是指企业从事建筑安装、修理修配、交通运输、仓储租赁、金融保险、邮电通信、咨询经纪、文化体育、科学研究、技术服务、教育培训、餐饮住宿、中介代理、卫生保健、社区服务、旅游、娱乐、加工以及其他劳务服务活动取得的所得。提供劳务所得按照劳务发生地确定。

③转让财产所得。该项所得是指企业转让固定资产、生物资产、无形资产、股权、债权等财产取得的所得。不动产转让所得按照不动产所

在地确定；动产转让所得按照转让动产的企业或者机构、场所所在地确定；权益性投资资产转让所得按照被投资企业所在地确定。

④股息、红利等权益性投资收益。该项所得是指企业因权益性投资从被投资方取得的所得，按照分配所得的企业所在地确定。

⑤利息所得。该项所得是指企业将资金提供给他人使用但不构成权益性投资，或者他人占用本企业资金取得的所得，包括存款利息、贷款利息、债券利息、欠款利息等所得，按照负担、支付所得的企业或者机构、场所所在地确定，或者按照负担、支付所得的个人的住所地确定。

⑥租金所得。该项所得是指企业提供固定资产、包装物或者其他资产的使用权取得的所得，按照负担、支付所得的企业或者机构、场所所在地确定，或者按照负担、支付所得的个人的住所地确定。

⑦特许权使用费所得。该项所得是指企业提供专利权、非专利技术、商标权、著作权以及其他特许权的使用权取得的所得，按照负担、支付所得的企业或者机构、场所所在地确定，或者按照负担、支付所得的个人的住所地确定。

⑧接受捐赠所得。该项所得是指企业接受的来自其他企业、组织或者个人无偿给予的货币性资产、非货币性资产。

⑨其他所得。该项所得是指除以上列举外的也应当缴纳企业所得税的其他所得，包括企业资产溢价所得、逾期未退包装物押金所得、确实无法偿付的应付款项、已作坏账损失处理后又收回的应收款项、债务重组所得、补贴所得、违约金所得、汇兑收益等。其他所得的内容由国务院财政、税务主管部门确定。

6.1.3　应税所得来源地的判断标准

《企业所得税法》第三条规定：居民企业应当就其来源于中国境内、境外的所得缴纳企业所得税。应税所得来源地的判断标准直接关系到企业纳税义务的大小，也涉及国家之间以及国内不同地区之间税收管辖权的问题。

在充分考虑随着经济的发展出现许多新情况、新问题的基础上，借鉴国际惯例，《企业所得税法实施条例》进一步明确了所得来源于中国境内、境外的划分标准：

①销售货物所得，该所得按照交易活动发生地确定。

②提供劳务所得，该所得按照劳务发生地确定。

③转让财产所得。不动产转让所得按照不动产所在地确定；动产转让所得按照转让动产的企业或者机构、场所所在地确定；权益性投资资产转让所得按照被投资企业所在地确定。

④股息、红利等权益性投资所得，该所得按照分配所得的企业所在地确定。

⑤利息所得、租金所得、特许权使用费所得，此三项所得按照负担、支付所得的企业或者机构、场所所在地确定，或者按照负担、支付所得的个人的住所地确定。

⑥其他所得，该项所得由国务院财政、税务主管部门确定。

6.1.4 税率

（1）基本税率为25%。适用于居民企业和在中国境内设有机构、场所且所得与机构、场所有关联的非居民企业。新企业所得税法对在我国境内设立机构、场所的外国企业所从事的生产经营业务作进一步的界定，规定该种类型的非居民企业适用税率为25%，同时不能享受对小型微利企业的优惠性税率。

（2）低税率为20%。适用于在中国境内未设立机构、场所的，或者虽设立机构、场所但取得的所得与其所设机构、场所没有实际联系的非居民企业。但实际征税时适用10%的税率。非居民企业适用税率政策如图6－1所示。

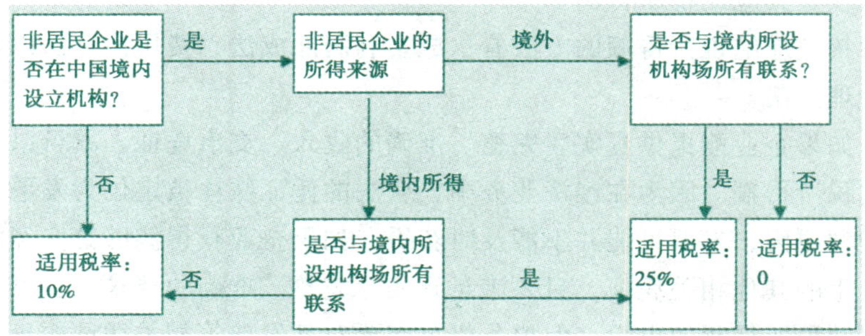

图6－1　非居民企业适用税率图

6.2 应纳税所得额的计算

6.2.1 收入总额

企业所得税的应纳税所得额是指企业每一纳税年度的收入总额，减除不征税收入、免税收入、各项扣除以及允许弥补的以前年度亏损后的余额。用公式表示如下：

应纳税所得额 = 收入总额 - 不征税收入 - 免税收入 - 扣除项目金额 - 允许弥补的以前年度亏损

（1）应纳税所得额的计算原则：

①权责发生制原则。《企业所得税法实施条例》第九条规定：企业应纳税所得额的计算，以权责发生制为原则，属于当期的收入和费用，不论款项是否收付，均作为当期的收入和费用；不属于当期的收入和费用，即使款项已经在当期收付，均不作为当期的收入和费用。本条例和国务院财政、税务主管部门另有规定的除外。

②核定原则。计算应纳税所得额时，企业确实不能提供真实、完整、准确的收入、支出凭证，不能正确申报应纳税所得额的，税务机关可以核定其应纳税所得额。

核定应纳税所得额的方法有：成本利润加成法、费用换算法以及其他合理方法。

如果企业能提供真实、完整、准确的收入、支出凭证，就可以申报应纳税所得额。因为在经济业务中，合法的凭证往往被定位为发票。因为种种原因，发票可能并不能及时获得，如果企业获得能够证实经济业务发生的其他相关凭证，只要满足真实、完整、准确的要求，也可以进行应纳税所得额的申报，但税务机关需要对其发票等相关凭证的核实从严掌握。

（2）应纳税所得额与清算所得的差异。企业应当在办理注销登记前，就其清算所得向税务机关申报并依法缴纳企业所得税。

“企业清算”是指企业因合并、兼并、破产等原因终止生产经营活动，并对企业资产、债权、债务所做的清查、收回和清偿工作。企业进入清算期后，因所处环境发生了变化，如企业清算中的会计处理，与公司正常情况下的财务会计有很大的不同，正常进行会计核算的会计基本前提已不复存在，公司不再是连续经营，各项资产不宜再按历史成本和账面净值计量，许多会计核算一般原则在公司清算中也不再适用，除货币资金外的资产或财产必须以现值来衡量。对于企业因合并、兼并等原因终止而清算的，资产现值的确定需要经资产评估机构进行评估，并以此作为资产变现的依据。对于因破产原因而清算的，资产的现值应以资产实际处置的变现额为依据。企业所得税的计税依据也从应纳税所得额转变为清算所得。

“清算所得”是指企业的全部资产可变现价值或者交易价格减除资产净值、清算费用以及相关税费等后的余额。用公式表示如下：

企业清算所得 = 企业的全部资产可变现价值或交易价格 - 资产净值 - 清算费用 - 相关税费

企业的全部资产可变现价值是指企业清理所有债权债务关系、完成清算后，所剩余的全部资产折现计算的价值。如果企业剩余资产能在市场上出售而变现，则可以以其交易价格为基础确定。所谓资产净值是指企业的资产总值减除所有债务后的净值，是企业偿债和担保的财产基础，是企业所有资产本身的价值。从企业全部资产可变现价值或交易价格中减除净资产，再减除清算费用和相关税费，其余额就是清算过程中企业资产增值部分，符合《企业所得税法》对企业所得的规定，应当就这部分所得缴纳企业所得税。

投资方企业从被清算企业就剩余资产分得的部分，其中相当于从被清算企业累计未分配利润和累计盈余公积中应当分得的部分，应当确认为因股权投资关系从被投资单位分配取得的股息所得，免予征收企业所得税；剩余资产减除上述股息所得后的余额，是企业投资返还和投资收回，应当冲减投资成本；投资方获得的超过投资的计税基础的分配支付额，包括转让投资时超过投资计税基础的收入，应确认为投资转让所得，反之则作为投资转让损失。

（3）收入总额。收入总额是指企业以货币形式和非货币形式从各种来源取得的收入之和。

居民企业的收入总额包括其来源于中国境内、境外的所得。

在中国境内设立机构、场所的非居民企业的收入总额，包括其所设机构、场所取得的来源于中国境内的所得，以及发生在中国境外但与其所设机构、场所有实际联系的所得。

非居民企业在中国境内未设立机构、场所而有来自于中国境内的所得；或者虽设立机构、场所，但取得的与其所设机构、场所没有实际联系的所得，都是计算预提所得税的收入总额。

企业取得收入的货币形式，包括现金、存款、应收账款、应收票据、准备持有至到期的债券投资以及债务的豁免等。企业取得收入的非货币形式，包括固定资产、生物资产、无形资产、股权投资、存货、不准备持有至到期的债券投资、劳务以及有关权益等。企业以非货币形式取得的收入，应当按照公允价值确定收入额。公允价值是指按照市场价格确定的价值。包括以下类型的收入：

①销售货物收入，是指企业销售商品、产品、原材料、包装物、低值易耗品以及其他存货取得的收入。除企业所得税法及实施条例另有规定外，企业销售收入的确认，必须遵循权责发生制原则和实质重于形式原则。由于税法与会计服务的目的不同，因此，各类货物销售时，税务处理和会计处理有所不同：

第一，销售货物收入的确认条件。根据《企业会计准则第 14 号——收入》第四条规定，销售商品收入同时满足下列条件的，才能予以确认：

一是企业已将商品所有权上的主要风险和报酬转移给购货方；

二是企业既没有保留通常与所有权相联系的继续管理权，也没有对已售出的商品实施有效控制；

三是收入的金额能够可靠地计量；

四是相关的经济利益很可能流入企业；

五是相关的已发生或将发生的成本能够可靠地计量。

税法上确认收入的条件[①]：

---

① 《国家税务总局关于确认企业所得税收入若干问题的通知》（国税函［2008］875 号）规定：除企业所得税法及实施条例另有规定外，企业销售收入的确认，必须遵循权责发生制原则和实质重于形式原则。

一是商品销售合同已经签订，企业已将与商品所有权相关的主要风险和报酬转移给购货方；

二是企业对已售出的商品既没有保留通常与所有权相联系的继续管理权，也没有实施有效控制；

三是收入的金额能够可靠地计量；

四是已发生或将发生的销售方的成本能够可靠地核算。

第二，特殊交易方式下商品销售收入的确认：

售后回购方式销售商品。《增值税暂行条例》规定，售后回购已涉及有形动产所有权的转移，应在销售环节确认收入并核算销项税金额，实际回购环节核算进项税金额，增值税款通过发票载明金额进行计算。国税函［2008］875号文规定：采用售后回购方式销售商品的，销售的商品按售价确认收入，回购的商品作为购进商品处理。有证据表明不符合销售收入确认条件的，如以销售商品方式进行融资，收到的款项应确认为负债，回购价格大于原售价的，差额应在回购期间确认为利息费用。《企业会计准则应用指南》规定，采用售后回购方式销售商品的，收到的价款应确认为负债；回购价格大于原售价的，差额应在回购期间按期计提利息，计入财务费用。有确凿证据表明售后回购交易满足销售商品收入确认条件的，销售的商品按售价确认收入，回购商品作为购进商品处理。

尽管企业会计准则与企业所得税政策对售后回购方式销售商品收入确认的表述不同，实际上两者的处理原则、处理方式是一致的，即凡是按照公允价值进行交易的，都按销售处理。对于根据会计准则、企业所得税法有关政策未确认收入的售后回购，增值税有关政策也要求按照公允价值作为销售处理，实际执行中可能会有一定难度。但税务机关对于定价严重偏离市场价格的，有权进行合理调整。对于这一部分交易，企业应按公允价值开具或收到相应发票，尽管会计准则和企业所得税法有关政策允许不确认收入，而是作为融资行为处理，实际上也要求在确认融资收益或利息支出时参照公允价值标准进行确认。

售后租回方式销售商品。《企业所得税法》对这一问题暂无明确规定。参照国税函［2008］875号文件的精神，原则上可以参照企业会计准则的处理方法进行纳税处理，作为折旧费用或作为租金费用的调整，都应建立在对售后回租对象的公允定价基础上。只要定价建立在公允价值基础上，不论是确认收入还是作为租金费用的调整，都不会影响应纳税所得额。从增值税或营业税角度而言，则要求对不符合公允价值条件的交易按公允价值确认应税收入，因为增值税或营业税一般不具备后期调整机会。

《企业会计准则应用指南》规定，采用售后租回方式销售商品的，收到的款项应确认为负债，售价与资产账面价值之间的差额，应当采用合理的方法进行分摊，作为折旧费用或租金费用的调整。有确凿证据表明认定为经营租赁的售后租回交易是按照公允价值达成的，销售的商品按售价确认收入，并按账面价值结转成本。

买一赠一组合销售本企业商品。国税函［2008］875号文件规定，企业以买一赠一等方式组合销售本企业商品的，不属于捐赠，应将总的销售金额按各项商品的公允价值的比例来分摊确认各项商品的销售收入。从这一规定来看，税法视其为降价销售行为。

第三，收入金额的确认。在销售收入确认金额方面，《企业会计准则》规定，企业应当按照从购货方已收或应收的合同或协议价款确定销售商品销售收入金额，但已收或应收的合同或协议价款不公允的除外。税法规定，收入一般以合同价格或实际交易价格为基准，同时往往以发票价格为准。具体情况如下：

企业应当按照从购货方已收或应收的合同或协议价款确定销售货物收入金额。

销售货物涉及现金折扣的，应当按照扣除现金折扣前的金额确定销售货物收入金额。现金折扣在实际发生时作为财务费用扣除。现金折扣是指债权人为鼓励债务人在规定的期限内付款而向债务人提供的债务扣除。《企业会计准则》规定："现金折扣，是指债权人为鼓励债务人在规定的期限内付款而向债务人提供的债务扣除。销售商品涉及现金折扣的，应当按照扣除现金折扣前的金额确认销售商品收入金额；现金折扣在实际发生时计入当期损益。"可见，现金折扣在会计和税法上的处理方法是一致的。

销售货物涉及商业折扣的，应当按照扣除商业折扣后的金额确定销售货物收入金额。商业折扣是指企业为促进货物销售而在货物标价上给予的价格扣除。《企业会计准则》规定："商业折扣是指企业为促进商品销售而在商品标价上给与的价格扣除。销售商品涉及商业折扣的，应当按照商业折扣后的金额确定销售商品收入金额。”可见，商业折扣在会计和税法上的处理方法是一致的。

企业已经确认销售货物收入的售出货物发生销售折让的，应当在发生时冲减当期销售货物收入。销售折让是指企业因售出货物的质量不合格等原因而在售价上给予的减让。《企业会计准则》规定：“销售折让，是指企业因出售商品质量不合格等原因而在售价上给予的减让。企业已经确认销售商品收入的售出商品发生销售折让的，应当在发生时冲减当期商品销售收入。”可见，销售折让在会计和税法上的处理方法是一致的。

企业已经确认销售货物收入的售出货物发生销售退回的，应当在发生时冲减当期销售货物收入。销售退回是指企业售出的货物由于质量、品种不符合要求等原因而发生的退货。《企业会计准则》规定：“销售退回，是指企业售出的商品由于质量、品种不符合要求原因而发生的退货。企业已经确认销售商品收入的售出商品发生销售退回的，应当在发生时冲减当期销售商品收入。”可见，销售退回在会计和税法上的处理方法是一致的。

[案例6-1] 阳光公司为增值税一般纳税企业，适用的增值税率为17%。商品销售价格除特别注明外均不含增值税额，销售实现时结转销售成本。2010年12月份发生的业务如下：

(1) 12月1日，向A公司销售产品一批，售价50 000元，给予购货方20%的商业折扣，另规定的现金折扣条件为3/10，2/20，n/30。已办妥托收手续，该公司采用总价法核算（假设按含税折扣）。该批商品的实际成本为48 000元。12月19日，收到A公司支付的、扣除所享受现金折扣金额后的款项，并存入银行。

(2) 12月3日，向B公司销售X电子产品2 500台，销售价格为每台640元，成本为每台500元。阳光公司于当日发货2 500台，同时收到B公司支付的部分货款1 500 000元。12月28日，阳光公司因X电子产品的包装质量问题同意给予B公司每台40元的销售折让。阳光公司于12月28日收到税务部门开具的索取折让证明单，并向B公司开具红字增值税专用发票。

(3) 12月5日，向K公司销售材料一批，价格为200 000元，该材料发出成本为160 000元。当日收取面值为234 000元的银行承兑汇票一张。

（4）阳光公司采用公允价值模式计量投资性房地产。2010 年 12 月 31 日租赁协议到期，阳光公司与 M 公司达成协议，将作为投资性房地产的办公楼出售，价款为 6 000 万元。投资性房地产的办公楼的成本为 4 000 万元，公允价值变动借方余额为 1 800 万元。

（5）12 月 31 日，与 G 公司签订一件特制商品的合同。该合同规定，商品总价款为 60 万元（不含增值税额），自合同签订日起两个月内交货。合同签订日，收到 G 公司预付的款项 40 万元，并存入银行。商品制造工作尚未开始。

（6）12 月 31 日，收到 A 公司退回的当月 1 日所购商品的 20%。经查核，该批商品存在质量问题，阳光公司同意了 A 公司的退货要求。当日，收到 A 公司交来的税务机关开具的进货退出证明单，并开具红字增值税专用发票和支付退货款项。

解析：

（1）销售时：

借：应收账款　　46 800

　　贷：主营业务收入　　（50 000 × 80%）40 000

　　　　应交税费——应交增值税（销项税额）　　6 800

借：主营业务成本　　48 000

　　贷：库存商品　　48 000

收到款项时：

借：银行存款　　45 864

　　财务费用　　（46 800 × 2%）936

　　贷：应收账款　　46 800

（2）12 月 3 日确认收入：

借：银行存款　　1 500 000

　　应收账款　　372 000

　　贷：主营业务收入　　（2 500 × 640）1 600 000

　　　　应交税费——应交增值税（销项税额）　　272 000

借：主营业务成本　　（2 500 × 500）1 250 000

　　贷：库存商品　　1 250 000

12 月 28 日确认折让：

借：主营业务收入　　　　　　　　　(2 500×40) 100 000
　　应交税费——应交增值税（销项税额）　　17 000
　　贷：应收账款　　　　　　　　　　　　　　117 000

(3) 借：应收票据　　　　　　　　　　　　234 000
　　　贷：其他业务收入　　　　　　　　　　　200 000
　　　　　应交税费——应交增值税（销项税额）　34 000

借：其他业务成本　　　　　　　　　　　　160 000
　　贷：原材料　　　　　　　　　　　　　　　160 000

(4) 借：银行存款　　　　　　　　　　　60 000 000
　　　贷：其他业务收入　　　　　　　　　　60 000 000

借：其他业务成本　　　　　　　　　　　58 000 000
　　贷：投资性房地产——成本　　　　　　　40 000 000
　　　　　　　　　　——公允价值变动　　　18 000 000

借：公允价值变动损益　　　　　　　　　18 000 000
　　贷：其他业务收入　　　　　　　　　　　18 000 000

(5) 借：银行存款　　　　　　　　　　　　400 000
　　　贷：预收账款　　　　　　　　　　　　　400 000

(6) 借：主营业务收入　　　　　　　(40 000×20%) 8 000
　　　应交税费——应交增值税（销项税额）　　1 360
　　　贷：银行存款　　　　　　　　　　　　　9 172.8
　　　　　财务费用　　　　　　　　　　(936×20%) 187.2

借：库存商品　　　　　　　　　　(48 000×20%) 9 600
　　贷：主营业务成本　　　　　　　　　　　　9 600

第四，视同销售收入。企业发生非货币性资产交换，以及将货物、财产、劳务用于捐赠、赞助、集资、广告、样品、偿债、职工福利和利润分配，应当视同销售货物、转让财产或者提供劳务按上述规定确认收入。新税法采用的是法人所得税的模式，因而缩小了视同销售的范围，对于货物在同一法人实体内部之间的转移，例如用于在建工程、管理部门、分公司等不再作为视同销售处理。

②提供劳务收入，是指企业从事建筑安装、修理修配、交通运输、仓储租赁、金融保险、邮电通信、咨询经纪、文化体育、科学研究、技术服务、教育培训、餐饮住宿、中介代理、卫生保健、社区服务、旅

游、娱乐、加工以及其他劳务服务活动取得的收入。

各项劳务按以下方法确认收入：

第一，劳务收入确认的条件。企业在各个纳税期末，提供劳务交易的结果能够可靠估计的，应采用完工进度（完工百分比）法确认提供劳务收入。提供劳务交易的结果能够可靠估计，是指同时满足下列条件：一是收入的金额能够可靠地计量；二是交易的完工进度能够可靠地确定；三是交易中已发生和将发生的成本能够可靠地核算。

第二，劳务收入确认的方法。

跨年度劳务收入。企业受托加工制造大型机械设备、船舶、飞机等，以及从事建筑、安装、装配工程业务或者提供劳务等，持续时间超过 12 个月的，需按照纳税年度内完工进度或者完成的工作量确认收入的实现。

企业确定提供劳务交易的完工进度可以选用下列方法：一是已完成工作量的测量；二是已提供劳务占劳务总量的比例；三是发生成本占总成本的比例。

特殊劳务收入的确认。

安装费。应根据安装完工进度确认收入。安装工作是商品销售附带条件的，安装费在确认商品销售实现时确认收入。

宣传媒介的收费。应在相关的广告或商业行为出现于公众面前时确认收入。广告的制作费，应根据制作广告的完工进度确认收入。

软件费。为特定客户开发软件的收费，应根据开发的完工进度确认收入。

服务费。包含在商品售价内可区分的服务费，在提供服务的期间分期确认收入。

艺术表演、招待宴会和其他特殊活动的收费。在相关活动发生时确认收入。收费涉及几项活动的，预收的款项应合理分配给每项活动，分别确认收入。

会员费。申请入会或加入会员，只允许取得会籍，所有其他服务或商品都要另行收费的，在取得该会员费时确认收入。申请入会或加入会员后，会员在会员期内不再付费就可得到各种服务或商品，或者以低于非会员的价格销售商品或提供服务的，该会员费应在整个受益期内分期确认收入。

劳务费。长期为客户提供重复的劳务收取的劳务费，在相关劳务活动发生时确认收入。

第三，收入金额的确认。

企业应当按照从接受劳务方已收或应收的合同或协议价款确定提供劳务收入总额。

企业受托加工制造大型机械设备、船舶、飞机等，以及从事建筑、安装、装配工程业务或者提供劳务等，持续时间超过12个月的，应当在纳税年度结束时按照提供劳务收入总额乘以完工进度，扣除以前会计期间累计已确认提供劳务收入后的金额，确认当期提供劳务收入；同时，按照提供劳务估计总成本乘以完工进度，扣除以前会计期间累计已确认提供劳务成本后的金额，结转当期劳务成本。

当期提供劳务收入 = 提供劳务收入总额 × 完工进度 - 以前会计期间累计已确认提供劳务收入

当期劳务成本 = 劳务估计总成本 × 完工进度 - 以前会计期间累计已确认提供劳务成本

企业提供劳务，但不能按照纳税年度内完工进度或完成的工作量确认收入的，应当分别下列情况处理：若已经发生的劳务成本预计能够得到补偿的，按照已经发生的劳务成本金额确认提供劳务收入，并按相同金额结转劳务成本。若已经发生的劳务成本预计不能够得到补偿的，可暂不确认提供劳务收入，但也不将已经发生的劳务成本计入当期损益，待已经发生的劳务成本确定不能得到补偿时，再经主管税务机关核定作为损失扣除。

企业与其他企业签订的合同或协议包括销售商品和提供劳务时，销售商品部分和提供劳务部分能够区分且能够单独计量的，应当将销售商品的部分作为销售商品处理，将提供劳务的部分作为提供劳务处理。销售商品部分和提供劳务部分不能够区分，或虽能区分但不能够单独计量的，应当将销售商品部分和提供劳务部分全部作为销售商品处理。

③转让财产收入，是指企业转让固定资产、生物资产、无形资产、股权、债权等财产取得的收入。

当企业转让财产同时满足下列条件时应当确认转让财产收入：一是企业获得已实现经济利益或潜在经济利益的控制权；二是与交易相关的经济利益能够流入企业；三是相关的收入和成本能够合理地计量。企业应当按

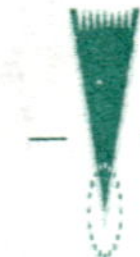

照从财产受让方已收或应收的合同或协议价款确定转让财产收入金额。

企业以财产发生非货币性资产交换，或将财产用于捐赠、偿债、赞助、集资、广告、样品、职工福利或者利润分配，应当视同转让财产，按以上规定确认收入。

《关于企业取得财产转让等所得企业所得税处理问题的公告》（国家税务总局公告［2010］19号）规定：企业取得财产（包括各类资产、股权、债权等）转让收入、债务重组收入、接受捐赠收入、无法偿付的应付款收入等，不论是以货币形式，还是非货币形式体现，除另有规定外，均应一次性计入确认收入的年度计算缴纳企业所得税。

④股息、红利等权益性投资收益，是指企业因权益性投资从被投资方取得的收入。

股息、红利等权益性投资收益，除国务院财政、税务主管部门另有规定外，按照被投资方作出利润分配决定的日期确认收入的实现。

⑤利息收入，是指企业将资金提供他人使用但不构成权益性投资，或者因他人占用本企业资金取得的收入，包括存款利息、贷款利息、债券利息、欠款利息等收入。

利息收入，按照合同约定的债务人应付利息的日期确认收入的实现。

第一，利息的内涵和外延。利息通常理解为企业将资金提供他人使用而按约定利率获得的报酬，即资金的使用价格。利息主要包括两种类型：一是企业将资金提供给他人使用而不构成权益性投资；二是因企业的资金被他人占用而从他人取得的收入。

第二，利息收入的确认。《企业会计准则》规定，企业的利息收入同时满足下列条件的，应当予以确认：一是相关的经济利益很可能流入企业；二是收入的金额能够可靠地计量。

利息收入应当按照合同约定的债务人应付利息的日期确认收入的实现。利息的支付时间是借款合同的重要条款，自借款合同约定的付息日起，债权人在法律上已经具有对该笔利息的所有权，所以应确认收入。从另一个角度出发，既然该笔利息的所有权已经归债权人，也符合相关的经济利益很可能流入企业的规定。

《企业会计准则》规定，对持有至到期投资、贷款等的利息收入或某些金融负债的利息费用的确认，采用“实际利率法”计算确定。实际利率法是指将金融资产或金融负债在预期存续期间或适用的更短期间内的未来现金流量，折现为该金融资产或金融负债当前账面价值，从而得出该金融资产或金融负债的实际利率（折现率），并按实际利率计算各期利息收入或利息费用的方法。考虑到实际利率法的处理结果与现行税法规定的名誉利率法（合同利率法）差异较小，且能够反映有关资产的真实报酬率，所以，税法也认同企业采用实际利率法来确认利息收入的金额。

《财政部、国家税务总局关于执行〈企业会计准则〉有关企业所得税政策问题的通知》（财税［2007］80号）第一条规定：企业对持有至到期投资、贷款等按照新会计准则规定采用实际利率法确认的利息收入，可计入当期应纳税所得额。对于采用实际利率法确认的与金融负债相关的利息费用，应按照现行税收有关规定的条件，未超过同期银行贷款利率的部分，可在计算当期应纳税所得额时扣除，超过的部分不得扣除。

⑥租金收入，是指企业提供固定资产、包装物或者其他有形资产的使用权取得的收入。

租金收入，按照合同约定的承租人应付租金的日期确认收入的实现。

租金收入的确认，《企业会计准则》规定，企业的租金收入满足下列条件的，应当予以确认：一是相关的经济利益很可能流入企业；二是收入的金额能够可靠地计量。而税法规定，租金收入应当按照合同约定的承租人应付租金的日期确认收入的实现。显然这一规定已经不完全属于权责发生制，而更接近于收付实现制。租金的支付时间是租赁合同的重要条款，自租赁合同约定的付息日起，出租人在法律上已经具有对该笔租金的所有权，所以应当确认收入。租金收入的金额应当按照合同或协议约定的金额全额确定。

⑦特许权使用费收入，是指企业提供专利权、非专利技术、商标权、著作权以及其他特许权的使用权取得的收入。

特许权使用费收入，按照合同约定的特许权使用人应付特许权使用费的日期确认收入的实现。

《企业会计准则》规定，企业的特许权使用费收入满足下列条件的，应当予以确认：一是相关的经济利益能够流入企业；二是收入的金额能够合理地计量。但是，税法规定，特许权使用费收入应当按照合同约定的特许权使用人应付特许权使用费的日期确认收入的实现。特许权使用费的支付时间是特许权使用合同的重要条款，自特许权使用合同约定的付款日起，特许权人在法律上已经具有对该笔使用费的所有权，所以应当确认收入。这样规定，还可以使特许权使用费收入与许可他人使用该特许权所付出的成本、费用在同一时间内相互对应，便于计算应纳税所得额。税法的这一规定，并没有完全与《企业会计准则》的上述规定一致，不完全是权责发生制，更接近于收付实现制。

企业特许权使用费收入金额，应当按照有关合同或协议约定的金额全额确定。

⑧接受捐赠收入，是指企业接受的来自其他企业、组织或者个人无偿给予的货币性资产和非货币性资产。

第一，捐赠的含义和范围。

捐赠是无偿给予的资产。《中华人民共和国公益事业捐赠法》规定，捐赠应当是自愿和无偿的。

捐赠人是其他企业、组织或个人。

捐赠财产的范围，包括货币性资产和非货币性资产。

第二，捐赠收入的确认。接受捐赠收入，按照实际收到捐赠资产的日期确认收入的实现。企业接受捐赠收入的金额，按照捐赠资产的公允价值确定。

税法规定，企业接受的捐赠收入，按照实际收到捐赠资产的日期确认收入的实现，即按照收付实现制原则确认。但是，如果企业接受捐赠的是非货币性资产，按照实际收到捐赠资产日期承担纳税义务，会因为没有现金流量作保障而使企业难于承担纳税义务。国税函［2008］264号文件规定：企业在一个纳税年度发生的捐赠所得，占当年应纳税所得50%及以上的，可在不超过5年的期间均匀计入各年度的应纳税所得额。

⑨其他收入，是指企业取得的除《企业所得税法》第六条第（一）项至第（八）项规定的收入外的其他收入，包括企业资产溢余收入、逾期未退包装物押金收入、确实无法偿付的应付款项、已作坏账损失处理后又收回的应收款项、债务重组收入、补贴收入、违约金收入、汇兑收益等。

第一，企业资产溢余收入，该项收入是指企业资产在盘点过程中发生的多于账面数额的资产。除了物资和现金等流动资产外，还可能包括无形资产等其他资产。

第二，逾期未退包装物押金收入。包装物押金是指企业为销售货物而出租或出借包装物所收取的押金。包装物押金在收取时不并入销售额计征所得税，但当企业收取的包装物押金逾期未返还买方的，则成为企业实际上的一笔收入，应予以确认，依法缴纳企业所得税。

第三，确实无法偿付的应付款项。根据企业财务制度的规定，企业应当按期偿付各种负债，如有确实无法支付的应付款项，计入营业外收入。

第四，已作坏账损失处理后又收回的应收款项。企业的生产经营损失作为坏账损失处理后，其亏损部分可以在年度的利润中扣除，或者在今后五个年度内用利润弥补，因此，这部分损失已经在税务上作了处理。如果处理后其应收款项又被收回的，则应当重新作为企业收入处理。

第五，债务重组收入。根据《企业会计准则》的规定，债务重组是指在债务人发生财务困难的情况下，债权人按照其与债务人达成的协议或者法院的裁定作出让步的事项。债务重组中债权人往往对债务人的偿债义务作出一定程度的让步，这种让步的金额应当作为债务人的收入。

第六，补贴收入。企业取得财政性补贴和其他补贴收入，除国务院和国务院财政、税务主管部门规定不计入损益者外，都应当作为计算应纳税所得额的依据，依法缴纳企业所得税。

第七，违约金收入。违约金是合同一方当事人不履行合同或者履行合同不符合约定时，对另一方当事人支付的用于赔偿损失的金额。《中华人民共和国合同法》（以下简称《合同法》）第一百一十四条规定，当事人可以约定一方违约时应当根据违约情况向对方支付一定数额的违约金，也可以约定因违约产生的损失赔偿额的计算方法。

第八，汇兑收益。企业在汇兑人民币和外币时可能因汇率变化而产生差价收益，这是营业外收入的一种类型，也应当作为收入依法缴纳企业所得税。

企业其他收入金额满足下列条件的，应当确认收入：一是相关的经济利益能够流入企业；二是收入的金额能够合理地计量。

企业其他收入的金额，按照实际收入额或相关资产的公允价值确定。

⑩收入确定的特殊规定。

第一，以分期收款方式销售货物的，按照合同约定的收款日期分期确认收入的实现。这种按照合同约定的收款日期确认收入的实现，实际是对权责发生制原则的一种例外，接近于收付实现制原则，使《企业所得税法》与《企业会计准则》出现差异，主要是出于以下考虑：

一是考虑到收入总额的一致性。《企业会计准则》规定，对具有融资性质的分期收款销售货物（通常为超过 3 年），其实质相当于企业向购货方提供了一笔信贷资金，因此，企业应按照应收的合同或协议价款的公允价值确定收入金额。应收的合同或协议价款与公允价值之间的差额应当在合同或协议期间按实际利率法进行摊销，并相应冲减财务费用。考虑到在整个回收期内企业确认的收入总额是一致的，税法拟不采用会计准则的规定。对分期收款销售货物的，按照合同或协议约定的金额确认销售收入的金额。

二是考虑到与增值税政策的衔接。销售方企业按照应收的合同或协议价款开具增值税专用发票，计算增值税额。如果企业按照应收的合同或协议价款的公允价值确定收入金额，就会造成发票的销售额与会计记账的销售额不一致，会计核算的销项税额与发票的增值税额不一致，从而造成账据不符。同时，购货方也无法抵扣进项税额。

三是考虑到纳税必要的资金。如果按照权责发生制，在货物发出时确认收入，企业还没有收到货款，必然造成售货企业无款纳税。

第二，采取产品分成方式取得收入的，按照企业分得产品的日期确认收入的实现，其收入额按照产品的公允价值确定。

6.2.2 不征税收入

（1）财政拨款。财政拨款是指各级人民政府对纳入预算管理的事业单位、社会团体等组织拨付的财政资金，但国务院和国务院财政、税务主管部门另有规定的除外。企业实际收到的财政拨款中的财政补贴和税收返还等，按照现行会计准则的规定，属于政府补助的范畴，计入企业的“营业外收入”科目，除企业取得的所得税返还（退税）和出口退税的增值税进项外，一般作为应税收入征收企业所得税。

小贴士

界定财政拨款的条件有三个：一是财政拨款的主体为各级人民政府，即负有公共管理职责的各级国家行政管理机关；二是拨款对象是纳入预算管理的事业单位、社会团体等组织；三是拨款为列入预算支出的财政资金。考虑到财政拨款界定标准的复杂性，授权国务院和国务院财政、税务主管部门对特殊情况另作规定。

《企业会计准则第16号——政府补助》规定：政府补助，是指企业从政府无偿取得货币性资产或非货币性资产，但不包括政府作为企业所有者投入的资本。政府补助的特征是无偿性的、直接取得资产，政府补助通常附有一定的条件，政府补助不属于资本性投入。政府补助的主要形式有：

①财政拨款。财政拨款是政府无偿拨付给企业的资金，通常在拨款时明确规定了资金用途。

②财政贴息。财政贴息是政府为支持特定领域或区域发展，根据国家宏观经济形势和政策目标，对承贷企业的银行贷款利息给予的补贴。财政贴息主要有两种方式：一是财政将贴息资金直接拨付给受益企业；二是财政将贴息资金拨付给贷款银行。

③税收返还。税收返还是政府按照国家有关规定采取先征后返（退）、即征即退等办法向企业返还的税款，属于以税收优惠形式给予企业的一种政府补助。增值税出口退税（进项税额）不属于政府补助。

④无偿划拨非货币性资产。如行政无偿划拨土地使用权、天然林等。

知识链接

税法把企业实际收到的财政补贴和税费返还排除在“财政拨款”之外，其原因有三：

一是企业从政府取得的补贴收入导致经济利益的流入和企业净资产增加，符合收入总额的含义。

二是为了规范财政补贴和加强减免税的管理。自1994年分税制财政体制改革以来，中央集中管理税权，各地不得自行或擅自减免税，个别地区为了促进地方经济发展采取各种“财政补贴”变相减免税，造成对中央税权的侵蚀。对企业从政府取得的财政补贴征税，有利于加强对财政补贴收入和减免税的管理。

三是出于尽量减少税法与财务会计制度的差异，会计准则已经把政府补助计入了“营业外收入”，税法也没有必要在此问题上保持差异，这有利于降低纳税遵从成本和征收管理成本。

（2）依法收取并纳入财政管理的行政事业性收费。依法收取并纳入财政管理的行政事业性收费[①]是指国家机关、事业单位、代行政府职能的社会团体及其他组织根据法律法规等有关规定，依照国务院规定程序批准，在实施社会公共管理，以及在向公民、法人提供特定公共服务的过程中，向特定对象收取的费用。行政事业性收费主要具备以下条件：

第一，依照法律法规等有关规定，并按照国务院规定程序报经批准的；

第二，以实施社会公共管理为目的而收取的；

第三，收取对象只限于直接从该公共服务中受益的特定群体；

第四，执行收支两条线，收费上缴国库，纳入财政管理的。

（3）依法收取并纳入财政管理的政府性基金。依法收取并纳入财政管理的政府性基金是指企业依照法律、行政法规等有关规定，代政府收取的具有专项用途的财政资金。

（4）国务院规定的其他不征税收入。其他不征税收入是指企业取得的，由国务院财政、税务主管部门规定专项用途并经国务院批准的财政性资金。

6.2.3 扣除项目

（1）税前扣除的原则。税前扣除的支出必须是企业实际发生的与取得收入有关的、合理的支出，包括成本、费用、税金、损失和其他支出，准予在计算应纳税所得额时扣除。

---

① 见国家发展改革委员会、财政部联合下发的《行政事业性收费标准管理暂行办法》（发改价格［2006］532 号）的相关规定。

①相关性原则。相关性原则是指税前扣除的支出必须是与取得收入直接相关的支出。“与取得收入直接相关的支出”是指企业实际发生的能直接带来经济利益的流入或者可预期经济利益的流入的支出。

②合理性原则。合理性原则是指税前扣除的支出必须是符合生产经营活动常规，应当计入当期损益或者有关资产成本的必要和正常的支出。

③合法性原则。合法性原则是指无论支出是否实际发生或合理与否，如果是非法支出，不符合税法的有关规定，即使按财务会计制度规定可作为费用支出，也不得在企业所得税前扣除。

（2）扣除项目的基本范围：

①成本。成本是指企业在生产经营活动中发生的销售成本、销货成本、业务支出以及其他耗费。

由于税法和财务会计的目的不同，会计收入分类侧重于经济收入的稳定性和经常性，税收收入分类的基础是税收待遇的不同。因此，税法中成本归集的内容不仅包括企业的主营业务成本（销售商品、提供劳务及让渡资产使用权），还包括其他业务成本（销售材料、转让技术等）和营业外支出（固定资产清理费用等）。税法所界定的成本的概念与会计制度不同，具体从以下几方面来理解：

第一，必须是生产经营过程中的成本。允许税前扣除的成本必须是企业在生产产品、提供劳务、销售商品等过程中的支出和耗费。

第二，销售成本。销售成本主要是针对以制造业为主的生产性企业，生产性企业在生产产品过程中耗费的原材料、直接人工费以及耗费的辅助材料、物料等，都属于销售成本的组成部分。

第三，销货成本。销货成本主要是针对以销售商品为主的流通企业。此类企业的成本主要是所销售货物的成本，应当以所售货物的购买价为主，加上可直接归属于销售货物所发生的必要的支出，就是销货成本。

第四，业务支出。业务支出主要是针对服务企业而言的成本。由于其与制造企业和商业企业不同，服务企业的成本称为业务支出，主要包括提供服务过程中直接耗费的原材料、服务人员的工资薪金等直接可归属于服务的其他支出。

第五，其他耗费。其他耗费是一个兜底的规定，保证企业发生的与取得收入有关、合理的支出得以在税前扣除。凡是企业生产产品、销售商品、提供劳务等过程中耗费的直接相关的成本，如果没有列入费用的

范畴，则可以列入其他耗费予以税前扣除。

②费用。费用是指企业在生产经营活动中发生的销售费用、管理费用和财务费用，已经计入成本的有关费用除外。

第一，销售费用。销售费用是企业为销售商品和材料、提供劳务的过程中发生的各种费用。该项费用包括广告和业务宣传费、运输费、装卸费、包装费、展览费、保险费、销售佣金、代销手续费、经营性租赁费以及专职销售部门发生的工资、职工福利费、差旅费等。

第二，管理费用。管理费用是企业的行政管理部门为管理组织经营活动提供各项支持性服务而发生的费用。该项费用包括由纳税人统一负担的总部（公司）经费（包括总部行政管理人员的工资薪金、福利费、差旅费、办公费、折旧费、修理费、物料消耗、低值易耗品摊销等）、工会经费、职工教育经费、研究开发费、劳动保护费、业务招待费、董事会费、开办费摊销、无形资产摊销（含土地使用费、土地损失补偿费）、坏账损失、印花税等税金、消防费、排污费、绿化费、外事费、资料费及财务会计方面的费用等。

第三，财务费用。财务费用是企业筹集经营性资金所发生的费用。该项费用包括利息净支出、汇兑净损失、金融机构手续费以及其他非资本化支出等。

③税金。税金是指企业发生的除企业所得税和允许抵扣的增值税以外的各项税金及其附加。

企业发生的税金是企业为取得经营收入实际发生的必要的、正常的支出，与企业发生的成本、费用性质相同，是企业取得经营收入实际发生的经济负担，符合税前扣除的基本原则。在我国目前税收体系中，允许税前扣除的税种主要有：消费税、营业税、土地增值税、资源税和城市维护建设税、教育费附加，以及房产税、车船税、耕地占用税、城镇土地使用税、车辆购置税、印花税、契税等。

④资产损失。资产损失是指企业在生产经营活动中实际发生的、与取得应税收入有关的资产损失，包括：现金损失，存款损失，坏账损失，贷款损失，股权投资损失，固定资产和存货的盘亏、毁损、报废、被盗损失，自然灾害等不可抗力因素造成的损失以及其他损失。

按照《财政部、国家税务总局关于企业资产损失税前扣除政策的通知》（财税［2009］57号）规定，资产损失在确认和列支时按照以下政策处理：

第一，现金短缺。企业清查出的现金短缺减除责任人赔偿后的余额，作为现金损失在计算应纳税所得额时扣除。

第二，存款损失。企业将货币性资金存入法定具有吸收存款职能的机构，因该机构依法破产、清算，或者政府责令停业、关闭等原因，确实不能收回的部分，作为存款损失在计算应纳税所得额时扣除。

第三，坏账损失。企业除贷款类债权外的应收账款和预付款项符合下列条件之一的，减除可收回金额后确认的无法收回的应收账款和预付款项，可以作为坏账损失在计算应纳税所得额时扣除：

一是债务人依法宣告破产、关闭、解散、被撤销，或者被依法注销、吊销营业执照，其清算财产不足清偿的；

二是债务人死亡，或者依法被宣告失踪、死亡，其财产或者遗产不足清偿的；

三是债务人逾期3年以上未清偿，且有确凿证据证明已无力清偿债务的；

四是与债务人达成债务重组协议或法院批准破产重整计划后，无法追偿的；

五是因自然灾害、战争等不可抗力导致无法收回的；

六是国务院财政、税务主管部门规定的其他条件。

第四，贷款类债权。企业经采取所有可能的措施和实施必要的程序之后，符合下列条件之一的贷款类债权，可以作为贷款损失在计算应纳税所得额时扣除：

一是借款人和担保人依法宣告破产、关闭、解散、被撤销，并终止法人资格，或者已完全停止经营活动，被依法注销、吊销营业执照，对借款人和担保人进行追偿后，未能收回的债权；

二是借款人死亡，或者依法被宣告失踪、死亡，依法对其财产或者遗产进行清偿，并对担保人进行追偿后，未能收回的债权；

三是借款人遭受重大自然灾害或者意外事故，损失巨大且不能获得保险补偿，或者以保险赔偿后，确实无力偿还部分或者全部债务，对借款人财产进行清偿和对担保人进行追偿后，未能收回的债权；

四是借款人触犯刑律，依法受到制裁，其财产不足归还所借债务，又无其他债务承担者，经追偿后确实无法收回的债权；

五是由于借款人和担保人不能偿还到期债务，企业诉诸法律，经法院对借款人和担保人强制执行，借款人和担保人均无财产可执行，法院裁定执行程序终结或终止（中止）后，仍无法收回的债权；

六是由于借款人和担保人不能偿还到期债务，企业诉诸法律后，经法院调解或经债权人会议通过，与借款人和担保人达成和解协议或重整协议，在借款人和担保人履行完还款义务后，无法追偿的剩余债权；

七是由于上述第一至第六项原因借款人不能偿还到期债务，企业依法取得抵债资产，抵债金额小于贷款本息的差额，经追偿后仍无法收回的债权；

八是开立信用证、办理承兑汇票、开具保函等发生垫款时，凡开证申请人和保证人由于上述第一至第七项原因，无法偿还垫款，金融企业经追偿后仍无法收回的垫款；

九是银行卡持卡人和担保人由于上述第一至第七项原因，未能还清透支款项，金融企业经追偿后仍无法收回的透支款项；

十是助学贷款逾期后，在金融企业确定的有效追索期限内，依法处置助学贷款抵押物（质押物），并向担保人追索连带责任后，仍无法收回的贷款；

十一是经国务院专案批准核销的贷款类债权；

十二是国务院财政、税务主管部门规定的其他条件。

第五，股权投资损失。企业的股权投资符合下列条件之一的，减除可收回金额后确认的无法收回的股权投资，可以作为股权投资损失在计算应纳税所得额时扣除：

一是被投资方依法宣告破产、关闭、解散、被撤销，或者被依法注销、吊销营业执照的；

二是被投资方财务状况严重恶化，累计发生巨额亏损，已连续停止经营3年以上，且无重新恢复经营改组计划的；

三是对被投资方不具有控制权，投资期限届满或者投资期限已超过10年，且被投资单位因连续3年经营亏损导致资不抵债的；

四是被投资方财务状况严重恶化，累计发生巨额亏损，已完成清算或清算期超过3年以上的；

五是国务院财政、税务主管部门规定的其他条件。

根据国税发［2000］118号文件和国税函［2008］264号文件的规

定，每一纳税年度扣除的股权投资损失，不得超过当年实现的股权投资收益和股权投资转让所得，超过部分可向以后纳税年度结转扣除。但企业股权投资转让损失连续向后结转5年仍不能从股权投资收益和股权投资转让所得中扣除的，准予在该股权投资转让年度后第6年一次性扣除。

[案例6-2] 甲公司2004年度协议转让一项股权投资，初始投资成本为200万元，取得转让所得120万元，会计上确认的投资损失为80万元。但根据国税发［2000］118号文件的规定，该企业当年股权转让所得中120万元可以冲减投资成本，其投资损失80万元应作当期纳税调整，并从以后年度取得的投资收益或转让所得中结转扣除。如果甲公司在5年内对其投资损失中的80万元未扣除或未完全扣除，则可在2010年度一次性全额税前扣除。

另外，根据《国家税务总局关于做好2008年度企业所得税汇算清缴工作的通知》（国税函［2009］55号）对有关企业所得税政策和征管问题的规定，对新税法实施以前财政部、国家税务总局发布的企业所得税有关的政策性文件，应以新税法以及新税法实施后发布的相关规章、规范性文件为准。由于资产损失扣除政策属于与企业所得税有关的政策性文件，因而企业对于发生在2008年及其以后年度的股权投资处置损失，可在发生的当年一次性扣除。

第六，盘亏损失。对企业盘亏的固定资产或存货，以该固定资产的账面净值或存货的成本减除责任人赔偿后的余额，作为固定资产或存货盘亏损失在计算应纳税所得额时扣除。

第七，对企业毁损、报废的固定资产或存货，以该固定资产的账面净值或存货的成本减除残值、保险赔款和责任人赔偿后的余额，作为固定资产或存货毁损、报废损失在计算应纳税所得额时扣除。

第八，对企业被盗的固定资产或存货，以该固定资产的账面净值或存货的成本减除保险赔款和责任人赔偿后的余额，作为固定资产或存货被盗损失在计算应纳税所得额时扣除。

第九，企业因存货盘亏、毁损、报废、被盗等原因不得从增值税销项税额中抵扣的进项税额，可以与存货损失一起在计算应纳税所得额时扣除。

第十，企业在计算应纳税所得额时已经扣除的资产损失，在以后纳税年度全部或者部分收回时，其收回部分应当作为收入计入收回当期的应纳税所得额。

第十一，企业境内、境外营业机构发生的资产损失应分开核算，对境外营业机构由于发生资产损失而产生的亏损，不得在计算境内应纳税所得额时扣除。

第十二，企业对其扣除的各项资产损失，应当提供能够证明资产损失确属已实际发生的合法证据，包括具有法律效力的外部证据、具有法定资质的中介机构的经济鉴证证明、具有法定资质的专业机构的技术鉴定证明等。

（3）税前扣除的具体范围和标准：

①工资、薪金支出。企业发生的合理的工资薪金支出，准予扣除。

工资薪金，是指企业每一纳税年度支付给在本企业任职或者受雇的员工的所有现金形式或者非现金形式的劳动报酬，包括基本工资、奖金、津贴、补贴、年终加薪、加班工资，以及与员工任职或者受雇有关的其他支出。

《企业所得税法》统一内、外资企业工资薪金扣除政策，取消了在内资企业实行多年的计税工资扣除制度而实行企业发生的合理的工资薪金支出，都准予税前扣除。

知识链接

"合理工资薪金"①，是指企业按照股东大会、董事会、薪酬委员会或相关管理机构制订的工资薪金制度规定实际发放给员工的工资薪金。税务机关在对工资薪金进行合理性确认时，可按以下原则掌握：

第一，企业制订了较为规范的员工工资薪金制度；

第二，企业所制订的工资薪金制度符合行业及地区水平；

第三，企业在一定时期所发放的工资薪金是相对固定的，工资薪金的调整是有序进行的；

第四，企业对实际发放的工资薪金，已依法履行了代扣代缴个人所得税义务；

第五，有关工资薪金的安排，不以减少或逃避税款为目的。

---

① 《国家税务总局关于企业工资薪金及职工福利费扣除问题的通知》（国税函［2009］3号）对工资薪金的税前扣除作出了详细规定。

②劳动保险和住房公积金。企业依照国务院有关主管部门或者省级人民政府规定的范围和标准为职工缴纳的基本养老保险费、基本医疗保险费、失业保险费、工伤保险费、生育保险费等基本社会保险费和住房公积金，准予扣除。

企业为投资者或者职工支付的补充养老保险费、补充医疗保险费，在国务院财政、税务主管部门规定的范围和标准内，准予扣除。目前规定的标准是：两者分别为工资薪金总额的 5%。企业为投资者或者员工支付的商业保险费，不得扣除。

③职工福利费、工会经费、职工教育经费。

第一，企业发生的职工福利费支出，不超过工资薪金总额 14% 的部分，准予扣除。为了使企业职工享受到更高质量和更多数量的实惠，有利于提高职工的生活水平，又要防止部分企业利用职工福利之名侵蚀税基，新税法规定，企业实际发生的职工福利费支出，不超过工资薪金总额 14% 的部分，准予据实扣除。企业职工福利费的开支范围①，包括以下内容：

一是尚未实行分离办社会职能的企业，其内设福利部门所发生的设备、设施和人员费用，包括职工食堂、职工浴室、理发室、医务所、托儿所、疗养院等集体福利部门的设备、设施及维修保养费用和福利部门工作人员的工资薪金、社会保险费、住房公积金、劳务费等。

二是为职工卫生保健、生活、住房、交通等所发放的各项补贴和非货币性福利，包括企业向职工发放的因公外地就医费用、未实行医疗统筹企业职工医疗费用、职工供养直系亲属医疗补贴、供暖费补贴、职工防暑降温费、职工困难补贴、救济费、职工食堂经费补贴、职工交通补贴等。

三是按照其他规定发生的其他职工福利费，包括丧葬补助费、抚恤费、安家费、探亲假路费等。

企业发生的职工福利费，应该单独设置账册，进行准确核算。没有单独设置账册准确核算的，税务机关应责令企业在规定的期限内进行改正。逾期仍未改正的，税务机关可对企业发生的职工福利费进行合理的核定。

根据《国家税务总局关于做好 2007 年度企业所得税汇算清缴工作

① 参见《关于企业工资薪金及职工福利费扣除问题的通知》（国税函［2009］3 号）的规定。

的补充通知》（国税函［2008］264号）的规定，企业2008年以前按照规定计提但尚未使用的职工福利费余额，2008年及以后年度发生的职工福利费，应首先冲减上述的职工福利费余额，不足部分按新税法规定扣除；仍有余额的，继续留在以后年度使用。企业2008年以前节余的职工福利费，已在税前扣除，属于职工权益，如果改变用途的，应调整增加企业应纳税所得额。《国家税务总局关于企业所得税若干税务事项衔接问题的通知》（国税函［2009］98号）继续沿用国税函［2008］264号文件关于职工福利费的政策规定。

第二，企业拨缴的工会经费，不超过工资薪金总额2%的部分，准予扣除。

《中华人民共和国工会法》（以下简称《工会法》）规定，建立工会组织的企业、事业单位、机关按每月全部职工工资总额的2%向工会拨缴工会经费。新税法的规定与《工会法》取得一致，符合法律规定。

《关于工会经费企业所得税税前扣除凭证问题的公告》（国家税务总局公告［2010］24号）规定：全国总工会决定从2010年7月1日起，启用财政部统一印制并套印财政部票据监制章的《工会经费收入专用收据》，同时废止《工会经费拨缴款专用收据》。

第三，企业发生的职工教育经费支出，不超过工资薪金总额2.5%的部分，准予扣除；超过部分，准予在以后纳税年度结转扣除。国务院财政、税务主管部门另有规定的除外。

《国家中长期科学和技术发展规划纲要（2006～2020年）》（国发［2005］44号）规定，企业实际发生的职工教育经费支出，按照职工工资总额的2.5%计入企业的成本费用。职工教育经费是指企业为提升职工素质、提高职工工作技能和能力所发生的教育费用支出，其支出在各年度之间不可能是均衡的。为加大企业在职工教育方面的投入，新税法①进行了两项改革，一是扣除基数由计税工资修改为工资总额；二是扣除比例虽然仍是2.5%，但超过部分准予企业在以后纳税年度结转扣除，实际上是允许企业发生的职工教育经费全额扣除，只是在时间上予以了递延。

① 《国家税务总局关于企业所得税若干税务事项衔接问题的通知》（国税函［2009］98号）规定：对于在2008年以前已经计提但尚未使用的职工教育经费余额，2008年及以后新发生的职工教育经费应先从余额中冲减。仍有余额的，留在以后年度继续使用。

④劳动保护支出。企业发生的合理的劳动保护支出，准予扣除。可以从以下方面来理解：

第一，必须是企业已经实际发生的劳动保护支出。

第二，必须是合理的支出。

第三，必须是劳动保护方面的支出。劳动保护支出一般应符合以下条件：一是必须是确因工作需要；二是为本企业员工配备或提供的；三是限于工作服、手套、劳动保护用品、防暑降温用品等所发生的支出。

⑤借款费用及汇兑损益。

第一，企业在生产经营活动中发生的合理的不需要资本化的借款费用，准予扣除。

企业为购置、建造固定资产、无形资产和经过12个月以上的建造才能达到预定可销售状态的存货发生借款的，在有关资产购置、建造期间发生的合理的借款费用，应当作为资本性支出计入有关资产的成本，并依照《企业所得税法实施条例》的规定扣除。

借款费用是指企业因借款而发生的利息及其他相关成本，包括借款利息、债券溢折价的摊销、辅助费用和外币借款而发生的汇兑差额。这是新税法的原则性规定，可以从以下两方面理解：

一方面，需要资本化的借款费用，予以分期扣除或摊销。企业发生的借款费用，有些是将借款用于一些长期资产的购建，其经济效益并不能立即得到实现，根据收入与支出配比的原则，这部分借款费用不能在发生当期全额扣除，而应计入有关资产的成本，只能分期扣除或摊销。《企业会计准则》规定：符合资本化条件的资产，是指需要经过相当长时间的购建或者生产活动才能达到预定可使用或者可销售状态的固定资产、投资性房地产和存货等资产。新税法对“相当长时间”规定为12个月以上。应注意的是，借款是否应予资本化与借款期间无直接关系，而与借款用途有关，借款用于购建固定资产、无形资产和经过12个月以上的建造才能达到预定可销售状态的存货的，借款费用应当资本化。

另一方面，不需要资本化的借款费用，准予在费用发生当期扣除。除上述需要资本化的借款费用以外，企业发生的其他借款费用，借款费用产生的经济效益在当期能够得到补偿的，准予在借款费用发生的当期扣除。

第二，企业在生产经营活动中发生的下列利息支出，准予扣除：

一是非金融企业向金融企业借款的利息支出、金融企业的各项存款利息支出和同业拆借利息支出、企业经批准发行债券的利息支出；

二是非金融企业向非金融企业借款的利息支出，不超过按照金融企业同期同类贷款利率计算的数额的部分。

非金融企业向金融企业借款的利息支出，准予全额据实扣除。目前，我国金融企业承担着绝大部分的资金信贷功能，金融企业信贷业务的规范性法规较为规范透明，人民银行专门负责信贷业务的管理，因此，非金融企业向金融企业借款的利息支出，都可以税前扣除，包括企业向城市信用社、农村信用社的借款。

金融企业的各项存款利息支出和同业拆借利息支出，准予全额据实扣除。

企业经批准发行债券发生的利息支出，准予全额据实扣除。

非金融企业向非金融企业借款的利息支出，不超过按照金融企业同期同类贷款利率计算的数额的部分，准予扣除。

非金融企业向非金融企业借款的利息支出，并不允许无条件地全额扣除，而是有个标准限制，即不超过按照金融企业同期同类贷款利率计算的数额的部分，准予扣除。这主要是从两方面考虑：一方面，非金融企业之间的拆借，目前法律规范性较少，过于放宽会扰乱金融秩序。另一方面，非金融企业向非金融企业借款的利息支出，扣除标准是金融企业同期同类贷款利率，使得向金融企业借款的企业的税收待遇，与向非金融企业借款的企业的税收待遇相同，可以抑制企业向非金融企业贷款。

《国家税务总局关于企业向自然人借款的利息支出企业所得税税前扣除问题的通知》（国税函［2009］777 号）规定：企业向股东或其他与企业有关联关系的自然人借款的利息支出，应根据《中华人民共和国企业所得税法》第四十六条及《财政部、国家税务总局关于企业关联方利息支出税前扣除标准有关税收政策问题的通知》（财税［2008］121 号）规定的条件，计算企业所得税扣除额。企业向除第一条规定以外的内部职工或其他人员借款的利息支出，其借款情况同时符合以下条件的，其利息支出在不超过按照金融企业同期同类贷款利率计算的数额的部分，根据税法第八条和税法实施条例第二十七条的规定，准予扣除：企业与个人之间的借贷是真实、合法、有效的，并且不具有非法集资目的或其他违反法律、法规的行为；企业与个人之间签订了借款合

同。

第三，企业在货币交易中，以及在纳税年度终了时将人民币以外的货币性资产、负债按照期末即期人民币汇率中间价折算为人民币时产生的汇兑损失，除已经计入有关资产成本以及与向所有者进行利润分配相关的部分外，准予扣除。

同时要注意以下几点：

一是货币交易过程中产生的汇兑损失，准予扣除；

二是纳税年度终了时将人民币以外的货币性资产、负债按照即期人民币汇率中间价折算为人民币产生的汇兑损失，准予扣除；

三是已经计入有关资产成本以及与向所有者进行利润分配相关非货币性的部分外，不予扣除。

⑥广告费和业务宣传费、业务招待费。

第一，企业发生的与生产经营活动有关的业务招待费支出，按照发生额的60%扣除，但最高不得超过当年销售（营业）收入的5‰。

第二，企业发生的符合条件的广告费和业务宣传费支出，除国务院财政、税务主管部门另有规定外，不超过当年销售（营业）收入15%的部分，准予扣除；超过部分，准予在以后纳税年度结转扣除。考虑到部分行业的特殊性，财政部、国家税务总局对部分行业广告费和业务宣传费的税前扣除标准作了明确规定，具体参阅下面的知识链接。

知识链接

《财政部、国家税务总局关于部分行业广告费和业务宣传费税前扣除政策的通知》（财税［2009］72号）对部分行业广告费和业务宣传费支出税前扣除作出如下规定：

（1）对化妆品制造、医药制造和饮料制造（不含酒类制造，下同）企业发生的广告费和业务宣传费支出，不超过当年销售（营业）收入30%的部分，准予扣除；超过部分，准予在以后纳税年度结转扣除。

（2）对采取特许经营模式的饮料制造企业，饮料品牌使用方发生的不超过当年销售（营业）收入30%的广告费和业务宣传费支出可以在本企业扣除，也可以将其中的部分或全部归集至饮料品牌持有方或管理方，由饮料品牌持有方或管理方作为销售费用据实在企业所

得税税前扣除。饮料品牌持有方或管理方在计算本企业广告费和业务宣传费支出企业所得税税前扣除限额时，可将饮料品牌使用方归集至本企业的广告费和业务宣传费剔除。饮料品牌持有方或管理方应当将上述广告费和业务宣传费单独核算，并将品牌使用方当年销售（营业）收入数据资料以及广告费和业务宣传费支出的证明材料专案保存以备检查。

饮料企业特许经营模式是指由饮料品牌持有方或管理方授权品牌使用方在指定地区生产及销售其产成品，并将可以由双方共同为该品牌产品承担的广告费及业务宣传费用统一归集至品牌持有方或管理方承担的营业模式。

（3）烟草企业的烟草广告费和业务宣传费支出，一律不得在计算应纳税所得额时扣除。

⑦手续费及佣金。《关于企业手续费及佣金支出税前扣除政策的通知》（财税［2009］29号）规定：

第一，企业发生与生产经营有关的手续费及佣金支出，不超过以下规定计算限额的部分，准予扣除；超过部分，不得扣除。

保险企业：财产保险企业按当年全部保费收入扣除退保金等后余额的15%（含本数，下同）计算限额；人身保险企业按当年全部保费收入扣除退保金等后余额的10%计算限额。

其他企业：按与具有合法经营资格中介服务机构或个人（不含交易双方及其雇员、代理人和代表人等）所签订服务协议或合同确认的收入金额的5%计算限额。

第二，企业应与具有合法经营资格中介服务企业或个人签订代办协议或合同，并按国家有关规定支付手续费及佣金。除委托个人代理外，企业以现金等非转账方式支付的手续费及佣金不得在税前扣除。企业为发行权益性证券支付给有关证券承销机构的手续费及佣金不得在税前扣除。

第三，企业不得将手续费及佣金支出计入回扣、业务提成、返利、进场费等费用。

第四，企业已计入固定资产、无形资产等相关资产的手续费及佣金

支出，应当通过折旧、摊销等方式分期扣除，不得在发生当期直接扣除。

第五，企业支付的手续费及佣金不得直接冲减服务协议或合同金额，并如实入账。

第六，企业应当如实向当地主管税务机关提供当年手续费及佣金计算分配表和其他相关资料，并依法取得合法真实凭证。

⑧环境保护、生态恢复等专项资金。企业依照法律、行政法规有关规定提取的用于环境保护、生态恢复等方面的专项资金，准予扣除。上述专项资金提取后改变用途的，不得扣除。

⑨财产保险支出。企业参加财产保险，按照规定缴纳的保险费，准予扣除。企业参加财产保险所发生的保险费支出，是与企业取得应税收入有关的支出，符合税前扣除的原则，准予扣除。

⑩固定资产租赁费。企业根据生产经营活动的需要租入固定资产支付的租赁费，按照以下方法扣除：

第一，以经营租赁方式租入固定资产发生的租赁费支出，按照租赁期限均匀扣除。在经营租赁条件下，租赁资产的所有权并没有发生转移，承租方获得的只是该资产的使用权，支付的租赁费就构成了生产经营费用的一部分，允许按租赁期限均匀扣除。

第二，以融资租赁方式租入的固定资产可以提取折旧费用，折旧费用允许扣除。融资租赁，是指实质上转移了与资产所有权有关的全部风险和报酬的租赁。其所有权最终可能转移，也可能不转移。会计准则按照实质重于形式的原则，把融资租入的固定资产视同自有固定资产进行核算。《企业所得税法实施条例》第五十八条规定：“融资租入的固定资产，以租赁合同约定的付款总额和承租人在签订租赁合同过程中发生的相关费用为计税基础。”按照融资租赁固定资产的计税基础计提的折旧费用允许扣除。

⑪捐赠支出。《企业所得税法》第九条规定：“企业发生的公益性捐赠支出，在年度利润总额12%以内的部分，准予在计算应纳税所得额时扣除。”

第一，《企业所得税法》第九条所称的公益性捐赠，是指企业通过县级以上人民政府及其部门，或者通过省级以上人民政府有关部门认定的公益性社会团体或者县级以上人民政府及其部门，用于《中华人民

共和国公益事业捐赠法》规定的公益事业的捐赠。

第二，用于公益事业的捐赠支出，是指《中华人民共和国公益事业捐赠法》规定的向公益事业的捐赠支出，具体范围包括：

一是救助灾害、救济贫困、扶助残疾人等困难的社会群体和个人的活动；

二是教育、科学、文化、卫生、体育事业；

三是环境保护、社会公共设施建设；

四是促进社会发展和进步的其他社会公共和福利事业。

第三，企业发生的公益性捐赠支出，不超过年度利润总额12%的部分，准予扣除。年度利润总额，是指企业依照国家统一会计制度的规定计算的年度会计利润总额。自2008年5月12日起，对企业、个人通过公益性社会团体、县级以上人民政府及其部门向受灾地区的捐赠，允许在当年企业所得税税前和当年个人所得税税前全额扣除。

⑫赞助支出。赞助支出根据赞助目的不同，可以分为两类：一类是具有公益性质的，不具有商业目的的赞助支出；另一类是非公益性质的，具有广告性质的商业目的的支出。后一类的赞助支出与企业取得的应纳税所得有关，允许扣除。

⑬非居民企业分摊的总机构费用。非居民企业在中国境内设立的机构、场所，就其中国境外总机构发生的与该机构、场所生产经营有关的费用，能够提供总机构出具的费用汇集范围、定额、分配依据和方法等证明文件，并合理分摊的，准予扣除。

允许非居民企业分担境外总机构费用必须满足下列条件：

第一，所分担的费用必须是由中国境外总机构实际发生的，且与其在中国境内设立的机构、场所生产经营有关的；

第二，在中国境内设立的机构场所能够提供总机构出具的费用汇集范围、定额、分配依据和方法等证明文件；

第三，费用的分摊必须是合理的。

⑭未经核定的准备金支出。《企业所得税法》第十条第（七）项所称未经核定的准备金支出，是指不符合国务院财政、税务主管部门规定的各项资产减值准备、风险准备等准备金支出。

本项规定的内涵，可以从以下几方面理解：

第一，可以作为税前扣除的准备金项目的核定主体是国务院财政、

税务主管部门。

第二，核定的方式是通过规范性文件或规章予以确认，而不是个案企业式的具体核定。

第三，允许扣除的准备金项目包括坏账准备、短期投资跌价准备、长期投资减值准备、存货跌价准备、固定资产减值准备、无形资产减值准备等。

⑮关联企业之间的利息支出。《企业所得税法》第四十六条规定：企业从其关联方接受的债权性投资与权益性投资的比例超过规定标准而发生的利息支出，不得在计算应纳税所得额时扣除。

知识链接

什么是关联方？关联方界定的标准是什么？《企业所得税法实施条例》对此作出了严格规定。

《企业所得税法实施条例》第一百零九条规定，关联方是指与企业有下列关联关系之一的企业、其他组织或者个人：

（1）在资金、经营、购销等方面存在直接或者间接的控制关系；

（2）直接或者间接地同为第三者控制；

（3）在利益上具有相关联的其他关系。

从上述条款可以看出，关联方是指与企业存在关联关系的企业、组织或者个人，其关联关系包括资金、经营、购销、同为第三者控制以及其他利益上的关系。

《关于企业关联方利息支出税前扣除标准有关税收政策问题的通知》（财税［2008］121号）规定：在计算应纳税所得额时，企业实际支付给关联方的利息支出，不超过以下规定比例和税法及其实施条例有关规定计算的部分，准予扣除，超过的部分不得在发生当期和以后年度扣除。

企业实际支付给关联方的利息支出，符合本通知第二条规定外，其接受关联方债权性投资与其权益性投资比例为：金融企业为5:1；其他企业为2:1。

企业如果能够按照税法及其实施条例的有关规定提供相关资料，并证明相关交易活动符合独立交易原则的，或者该企业的实际税负不高于境内关联方的，其实际支付给境内关联方的利息支出，在计算应纳税所得额时准予扣除。

企业同时从事金融业务和非金融业务，其实际支付给关联方的利息支出，应按照合理方法分开计算；没有按照合理方法分开计算的，一律按有关其他企业的比例计算准予税前扣除的利息支出。

企业自关联方取得的不符合规定的利息收入应按照有关规定缴纳企业所得税。

[案例 6－3] 关联企业利息扣除业务涉税处理：

为扩大经营规模，2010 年一家大型工业制造企业向甲、乙、丙、丁 4 个非金融企业关联方借款修建厂房。具体借款情况为：向甲借款 1 000万元，利率为 6%，付利息 60 万元；向乙公司借款 2 000 万元，利率为 7%，付利息 140 万元；向丙公司借款 3 000 万元，利率为 5%，付利息为 150 万元；向丁借款 5 000 万元，利率为 8%，付利息 400 万元；同期银行贷款利率为 6%。

2010 年该企业支付给 4 家关联方借款利息共计 750 万元，根据《企业会计准则》的规定，300 万元计入财务费用，450 万元计入在建工程。

该企业向 4 家关联方借款交易中，只有向丁企业借款符合《特别纳税调整实施办法（试行）》（国税发［2009］2 号）规定的独立交易原则规定，其他 3 家不能提供资料证明符合独立交易原则。此外，该企业和甲、乙、丙、丁 4 家企业的适用税率分别是 25%、25%、24%、15% 和 15%。该企业 2008 年支付的关联方利息应如何在企业所得税汇算清缴中进行纳税调整？

《企业所得税法》第四十六条规定：“企业从其关联方接受的债权性投资与权益性投资的比例超过规定标准而发生的利息支出，不得在计算应纳税所得额时扣除。”也就是说，如果该企业从关联方接受的债权性投资与权益性投资的比例超过规定标准而发生的利息支出，将不能作为扣除项目在计算应纳税额时扣除。

那么，利息支出的规定标准依据是什么？企业又该如何计算这个“超过规定标准而发生的利息支出”呢？

《特别纳税调整实施办法（试行）》（国税发［2009］2 号）第八十

五条规定：不得扣除利息支出＝年度实际支付的全部关联方利息×（1－标准比例/关联债资比例）。其中，标准比例是指《财政部、国家税务总局关于企业关联方利息支出税前扣除标准有关税收政策问题的通知》（财税［2008］121号）规定的比例。

根据上述规定，企业“超过规定标准而发生的利息支出”的具体计算步骤可分如下四步：

第一步：计算暂时性不能扣除的关联方借款利息：

（1）支付的关联方利息总额为：60＋140＋150＋400＝750（万元）

（2）关联方借款总金额为：1 000＋2 000＋3 000＋5 000＝11 000（万元）

（3）暂时性不能扣除的关联方借款利息为：750×［1－2÷（11 000÷2 000）］＝477.27（万元）

根据财税［2008］121号文件规定，企业实际支付给关联方的利息支出，其接受关联方债权性投资与其权益性投资比例为：非金融企业为2:1，该企业适用的标准比例为2:1。

第二步：将暂时不能扣除的关联方借款利息在各关联方之间分配。

（1）支付甲企业利息应分配比例为：60÷750×100%＝8%

（2）支付甲企业利息应分配的金额为：477.27×8%＝38.18（万元）

同样计算出乙、丙和丁应分配的利息金额分别为89.09万元、95.45万元和254.55万元。

第三步：根据关联方之间的实际税负率和关联方借款交易的独立性，判断上述暂时性不可扣除利息中永久不可扣除的关联方借款利息。

（1）甲企业税负率和该企业的税负率相同，不存在因超比例发生的永久性不可扣除的关联方借款利息。

（2）乙企业税负率低于该企业税负率，且该借款不能提供资料证明符合独立交易原则，乙公司分配出的暂时性不可扣除关联方利息支出89.09万元，就是永久性不可扣除的利息支出。

（3）丙企业的情况和乙类似，丙公司分配出的暂时性不可扣除关联方利息支出95.45万元，就是永久性不可扣除的利息支出。

（4）丁企业税负率低于该企业税负率，但符合独立交易原则，不存在因超比例发生的永久性不可扣除的关联方借款利息。

通过第三步计算出永久性不可扣除的关联方借款利息为：89.09 + 95.45 = 184.54（万元）

第四步：将上述非永久性不可扣除的关联方利息中利率高于银行贷款利率部分进行调整，剔除此部分永久性不可扣除的关联方利息。

（1）向甲企业借款产生的关联方利息，因借款利率等于银行贷款利率，全部可以扣除。

（2）向乙企业借款产生的关联方借款利息 140 万元，剔除第三步分摊出的 89.09 万元永久性不可扣除的利息支出后，剩余部分 50.91（140 − 89.09）万元，因贷款利率 7% 超过银行利率 6%，须调增 7.27［50.91 ÷ 7% ×（7% − 6%）］万元。

（3）向丙企业借款产生的关联方借款利息 150 万元，剔除第三步分摊出的 95.45 万元永久性不可扣除的利息支出后，剩余部分 54.55（150 − 95.45）万元，因贷款利率 5% 低于银行利率 6%，无须调增。

（4）向丁企业借款产生的关联方借款利息，不存在因超比例发生的永久性不可扣除的利息支出，全部关联方借款利息 400 万元，因借款利率 8% 超过银行贷款利率 6%，须调增金额 100［400 ÷ 8% ×（8% − 6%）］万元。

通过第四步，将关联方借款利率超过银行贷款利率的部分计算纳税，该企业须调增金额 107.27（7.27 + 100）万元。

综上所述，通过第三步与第四步计算，该企业共产生永久性不可扣除的关联方借款利息 291.81（184.54 + 107.27）万元。

如此，该企业在 2008 年企业所得税汇算时，应将上述不可扣除的关联方利息在费用化与资本化之间分摊。

（1）费用化不可扣除的金额为：291.81 × 300 ÷ 750 = 116.72（万元）。

根据《企业所得税年度纳税申报表》（国税发［2008］101 号）和《〈企业所得税年度纳税申报表〉的补充通知》（国税函［2008］1081 号）的规定可知：利息支出账载金额为 300 万元，税收金额为 183.28（300 − 116.72）万元，纳税调增金额为 116.72 万元。

（2）资本化不可扣除的金额为：291.81 − 116.72 = 175.09（万元），该企业在备查簿中登记此金额，在建工程的计税基础（利息支出）金额为：450 − 175.09 = 274.91（万元），将来在建工程转为固定

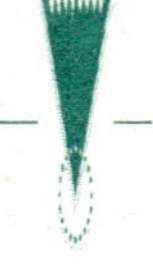

资产后，企业须对该固定资产的账面价值与计税基础不同产生的永久性差异进行纳税调整。

⑯母子公司服务费。《关于母子公司间提供服务支付费用有关企业所得税处理问题的通知》（国税发［2008］86号）规定：母公司为其子公司（以下简称子公司）提供各种服务而发生的费用，应按照独立企业之间公平交易原则确定服务的价格，作为企业正常的劳务费用进行税务处理。母子公司未按照独立企业之间的业务往来收取价款的，税务机关有权予以调整。

母公司向其子公司提供各项服务，双方应签订服务合同或协议，明确规定提供服务的内容、收费标准及金额等，凡按上述合同或协议规定所发生的服务费，母公司应作为营业收入申报纳税；子公司作为成本费用在税前扣除。

母公司向其多个子公司提供同类项服务，其收取的服务费可以采取分项签订合同或协议收取；也可以采取服务分摊协议的方式，即，由母公司与各子公司签订服务费用分摊合同或协议，以母公司为其子公司提供服务所发生的实际费用并附加一定比例的利润作为向子公司收取的总服务费，在各服务受益子公司（包括盈利企业、亏损企业和享受减免税企业）之间按《中华人民共和国企业所得税法》第四十一条第二款规定合理分摊。

母公司以管理费形式向子公司提取费用，子公司因此支付给母公司的管理费，不得在税前扣除。

子公司申报税前扣除向母公司支付的服务费用，应向主管税务机关提供与母公司签订的服务合同或者协议等与税前扣除该项费用相关的材料。不能提供相关材料的，支付的服务费用不得税前扣除。

⑰风险准备金。未经核定的风险准备金不准扣除，但对于特殊行业的风险准备金在税法规定范围内准予扣除。《关于保险公司提取农业巨灾风险准备金企业所得税税前扣除问题的通知》（财税［2009］110号）规定：保险公司经营中央财政和地方财政保费补贴的种植业险种（以下简称补贴险种）的，按不超过补贴险种当年保费收入25%的比例计提的巨灾风险准备金，准予在企业所得税前据实扣除，计算的数额如为负数，则相应调增当年应纳税所得额。其理由是：为了积极支持解决“三农”问题，促进保险公司拓展农业保险业务，提高农业巨灾发生后

恢复生产的能力。

6.2.4 不能税前扣除的项目

不能税前扣除的项目有：

（1）向投资者支付的股息、红利等权益性投资收益款项；

（2）企业所得税税款；

（3）税收滞纳金；

（4）罚金、罚款和被没收财物的损失；

（5）非公益性捐赠支出；

（6）赞助支出；

（7）未经核定的准备金支出；

（8）与取得收入无关的其他支出。

企业一些支出项目受到政策的限制，如担保支出①、商业贿赂支出、单位领导个人消费支出等其他支出项目，由于实务的复杂性不可能穷举。但从总体上说，这些支出都具有与企业取得收入无关的特性，因此，这些与取得收入无关的支出，都不允许在税前扣除。

6.3 资产的税务处理

6.3.1 资产的概念

资产是指企业过去的交易或者事项形成的、由企业拥有或者控制的、预期会给企业带来经济利益的资源。根据资产的定义，资产具有以下特征：

（1）资产应为企业拥有或者控制的资源。资产作为一项资源，应当由企业拥有或者控制，具体是指企业享有某项资源的所有权，或者虽

① 担保支出属于一种自愿性行为，如贷款担保。担保企业为被担保人承担的担保支出，与担保企业取得收入无关，因此不允许税前扣除。

然不享有某项资源的所有权，但该资源能被企业所控制。

（2）资产预期会给企业带来经济利益。资产预期会给企业带来经济利益，是指资产直接或者间接导致现金和现金等价物流入企业的潜力。这种潜力可以来自企业日常的生产经营活动，也可以是非日常活动；带来经济利益可以是现金或者现金等价物形式，也可以是能转化为现金或者现金等价物的形式，或者是可以减少现金或者现金等价物流出的形式。如果某一项目预期不能给企业带来经济利益，那么就不能将其确认为企业的资产。

（3）资产是由企业过去的交易或者事项形成的。资产应当由企业过去的交易或者事项所形成，过去的交易或者事项包括购买、生产、建造行为或者其他交易或事项。换句话说，只有过去的交易或者事项才能形成资产，企业预期在未来发生的交易或者事项不形成资产。

《企业所得税法实施条例》规定："企业的各项资产，包括固定资产、生物资产、无形资产、长期待摊费用、投资资产、存货等，以历史成本为计税基础。"这是税法第一次引入"计税基础"的概念，计税基础接近于原税法中的"计税成本"概念。按照《企业会计准则第 18 号——所得税》的规定，计税基础是指企业收回资产账面价值过程中，计算应纳税所得额时按照税法的规定可以自应税经济利益中抵扣的金额。资产的计量属性主要包括：历史成本、重置成本、可变现净值、现值和公允价值等。税法以历史成本作为资产的计税基础，"所称历史成本，是指企业取得该项资产时实际发生的支出"。它首先考虑到了历史成本原则在会计上的可靠性和优势性，其次是考虑了税收征管实践的需要，因为，在上述诸多计价方法中，只有历史成本是固定的，其他计价方法都具有较强的不确定性，会增加征纳双方的核算成本。历史成本原则强调：一是计算时点是企业取得该项资产时的价值，而不是取得资产后持有期间的价值；二是资产的价值是企业取得资产时实际发生的支出，强调的是现实性。

会计与税法的核算目的不同，制定会计制度的主要目的是真实、准确、完整地反映企业的财务状况、经营成果和现金流量，为报表使用者提供有用的会计信息；税法制定的主要目的是及时、足额地为国家筹集财政资金，对社会经济发展进行适当的调控，保护纳税人的合法权益，两者经常会产生差异。例如，企业的一项存货由于市场变化发生贬值，

企业计提了“存货跌价准备”，会计的账面价值减少，但是，税法规定存货以历史成本计价，存货跌价准备不得税前扣除，这就形成了税法的计税基础与会计账面价值的差异。

企业持有资产是一个长期的过程，由于客观情况的复杂性，以及生产经营活动的需要，在资产持有期间，资产的价值也在发生变化，可能增值，也可能减值，若一概不允许资产计税基础的调整，则无法反映资产的真实价值。需要对此有一个可以控制的调整可能，以维护国家税收利益与企业利益之间的平衡。因此，《企业所得税法实施条例》第五十六条规定：资产计税基础的调整权授予国务院财政、财务主管部门，企业持有各项资产期间资产增值或者减值，除国务院财政、税务主管部门规定可以确认损益外，不得调整该资产的计税基础。

6.3.2 固定资产

固定资产，是指企业为生产产品、提供劳务、出租或者经营管理而持有的、使用时间超过 12 个月的非货币性资产，包括房屋、建筑物、机器、机械、运输工具以及其他与生产经营活动有关的设备、器具、工具等。税法对固定资产的定义与企业会计准则是一致的。

（1）固定资产的计税基础：

①外购的固定资产，以购买价款和支付的相关税费以及直接归属于使该资产达到预定用途发生的其他支出为计税基础。

②自行建造的固定资产，以竣工结算前发生的支出为计税基础；包括建造固定资产所需要的原材料费用、人工费、管理费、缴纳的相关税费、应予资本化的借款费用等。

③融资租入的固定资产，以租赁合同约定的付款总额和承租人在签订租赁合同过程中发生的相关费用为计税基础，租赁合同未约定付款总额的，以该资产的公允价值和承租人在签订租赁合同过程中发生的相关费用为计税基础。

《企业会计准则》规定，按照租赁开始日租赁资产公允价值与最低租赁付款额现值两者中较低者作为租入固定资产的入账价值，将最低租赁付款额作为长期应付款的入账价值，其差额作为未确认融资费用，在租赁期内按实际利率法摊入财务费用。《企业所得税法实施条例》采用相对简化的方式，比《企业会计准则》的规定更直观、更简单，而且，

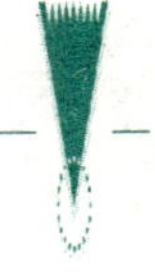

两者扣除的总金额是一致的。

④盘盈的固定资产，以同类固定资产的重置完全价值为计税基础。具体来说，如果同类或类似固定资产存在活跃市场的，按同类或类似固定资产的市场价格，减去按该项资产的新旧程度估计的价值损耗后的余额，作为入账价值；如果同类或类似固定资产不存在活跃市场的，按该项资产的预计未来现金流量的现值，作为入账价值。

⑤通过捐赠、投资、非货币性资产交换、债务重组等方式取得的固定资产，以该资产的公允价值和支付的相关税费为计税基础。之所以以资产的公允价值和支付的相关税费为固定资产的计税基础，是因为新税法规定，企业以固定资产进行捐赠、投资、非货币性资产交换、债务重组等应视同销售，即应当视为先按照公允价值销售固定资产，再对外捐赠、对外投资、对外进行非货币性资产交换、对外偿还债务等两项业务进行所得税处理。因而作为固定资产的受让方，也应当按照该项资产的公允价加上受让过程中发生的相关税费作为固定资产的计税基础。

⑥改建的固定资产，以改建过程中发生的改建支出增加计税基础。本规定是指除了已提足折旧的固定资产和租入的固定资产以外，其他固定资产的改扩建支出，包括材料费、人工费、相关税费等应当增加固定资产的计税基础。

（2）固定资产的折旧：

①固定资产折旧的处理规定。《企业所得税法》规定：在计算应纳税所得额时，企业按照规定计算的固定资产折旧，准予扣除。

下列固定资产不得计算折旧扣除：

第一，房屋、建筑物以外未投入使用的固定资产；

第二，以经营租赁方式租入的固定资产；

第三，以融资租赁方式租出的固定资产；

第四，已足额提取折旧仍继续使用的固定资产；

第五，与经营活动无关的固定资产；

第六，单独估价作为固定资产入账的土地；

第七，其他不得计算折旧扣除的固定资产。

②计提折旧的依据和方法。

第一，企业应当自固定资产投入使用月份的次月起计算折旧；停止使用的固定资产，应当自停止使用月份的次月起停止计算折旧。

第二，企业应当根据固定资产的性质和使用情况，合理确定固定资产的预计净残值。固定资产的预计净残值一经确定，不得变更。这样规定，一方面考虑税法与会计准则的趋同，另一方面不规定净残值率的下限，有利于满足企业及时、足额补偿成本消耗，对财政收入影响不大。但是，企业不得把净残值作为调节税负的手段，预计净残值一经确定，不得变更。

第三，固定资产按照直线法计算的折旧，准予扣除。但是，此项规定并不意味着企业不可以采用其他折旧方法。

第四，除国务院财政、税务主管部门另有规定外，固定资产计算折旧的最低年限如下：房屋、建筑物，为20年；飞机、火车、轮船、机器、机械和其他生产设备，为10年；与生产经营活动有关的器具、工具、家具等，为5年；飞机、火车、轮船以外的运输工具，为4年，包括汽车、电车、拖拉机、摩托车（艇）、机帆船、帆船以及其他运输工具；电子设备为3年，电子设备是指由集成电路、晶体管、电子管等电子元器件组成的，应用电子技术（包括软件）发挥作用的设备，包括电子计算机以及由电子计算机控制的机器人、数控或者程控系统等。

新税法实施前已投入使用的固定资产，企业已按原税法规定预计净残值并计提的折旧，不作调整①。新税法实施后，对此类继续使用的固定资产，可以重新确定其残值，并就其尚未计提折旧的余额，按照新税法规定的折旧年限减去已经计提折旧的年限后的剩余年限，按照新税法规定的折旧方法计算折旧。新税法实施后，固定资产原确定的折旧年限不违背新税法规定原则的，也可以继续执行。

[案例6－4] 资产折旧的会计处理

某汽车运输公司2007年1月1日购买一辆货车，购入价为400 000元（不考虑残值），购入当年按5年计提折旧，2007年、2008年已提取两年折旧，折旧额为160 000元。2009年实施新企业所得税法后，该公司根据新法规定，在2008年将折旧年限调整为4年，2009年应提折旧计算应为：

尚未计提折旧余额＝400 000－160 000＝240 000（元）

---

① 参见《关于企业所得税若干税务事项衔接问题的通知》（国税函［2009］98号）的规定。

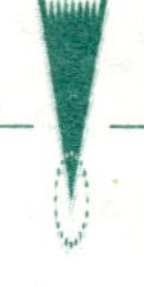

折旧年限 = 4 − 2 = 2（年）

年折旧额 = 240 000/2 = 120 000（元）

因此，2009 年实际可以提取折旧 120 000 元。

（3）固定资产改建和大修理支出。《企业所得税法》第十三条规定：企业发生的下列支出，作为长期待摊费用，按照规定摊销的，准予扣除：

①已足额提取折旧的固定资产的改建支出，是指改变已足额提取折旧的房屋或者建筑物结构、延长使用年限等发生的支出，按照房屋或者建筑物预计尚可使用年限分期摊销。

②租入固定资产的改建支出，是指改变经营租赁房屋或者建筑物结构的支出，按照合同约定的剩余租赁期限分期摊销。

改建的固定资产延长使用年限的，除上述第 1 项和第 2 项的规定外，还应当适当延长折旧年限。

③固定资产的大修理支出，是指同时符合下列条件的支出，按照固定资产尚可使用年限分期摊销。

第一，修理支出达到取得固定资产时的计税基础 50% 以上；

第二，修理后固定资产的使用年限延长 2 年以上。

（4）资产处置的所得税政策。《关于企业处置资产所得税处理问题的通知》（国税函［2008］828 号）规定：

①内部处置资产。企业发生下列情形的处置资产，除将资产转移至境外以外，由于资产所有权属在形式和实质上均不发生改变，可作为内部处置资产，不视同销售确认收入，相关资产的计税基础延续计算。

第一，将资产用于生产、制造、加工另一产品；

第二，改变资产形状、结构或性能；

第三，改变资产用途（如自建商品房转为自用或经营）；

第四，将资产在总机构及其分支机构之间转移；

第五，上述两种或两种以上情形的混合；

第六，其他不改变资产所有权属的用途。

②视同销售行为。企业将资产移送他人的下列情形，因资产所有权属已发生改变而不属于内部处置资产，应按规定视同销售确定收入。

第一，用于市场推广或销售；

第二，用于交际应酬；

第三，用于职工奖励或福利；

第四，用于股息分配；

第五，用于对外捐赠；

第六，其他改变资产所有权属的用途。

如果资产属于企业自制的资产，应按企业同类资产同期对外销售价格确定销售收入；属于外购的资产，可按购入时的价格确定销售收入。

6.3.3 生产性生物资产

生产性生物资产，是指企业为生产农产品、提供劳务或者出租等而持有的生物资产，包括经济林、薪炭林、产畜和役畜等。

（1）生产性生物资产的计税基础：

①外购的生产性生物资产，以购买价款和支付的相关税费为计税基础；

②通过捐赠、投资、非货币性资产交换、债务重组等方式取得的生产性生物资产，以该资产的公允价值和支付的相关税费为计税基础。

新税法未对企业自行营造或繁殖的生产性生物资产的计税基础作出规定，也就是说，对于自行营造或繁殖的生产性生物资产在营造或繁殖过程中发生的成本可以在当期费用化，这是与会计准则的规定不一致的。

（2）生产性生物资产计提折旧的依据和方法：

①生产性生物资产按照直线法计算的折旧，准予扣除。

②企业应当自生产性生物资产投入使用月份的次月起计算折旧；停止使用的生产性生物资产，应当自停止使用月份的次月起停止计算折旧。

③企业应当根据生产性生物资产的性质和使用情况，合理确定生产性生物资产的预计净残值。生产性生物资产的预计净残值一经确定，不得变更。

④生产性生物资产计算折旧的最低年限如下：

第一，林木类生产性生物资产，为 10 年；

第二，畜类生产性生物资产，为 3 年。

6.3.4 无形资产

无形资产，是指企业为生产产品、提供劳务、出租或者经营管理而持有的、没有实物形态的非货币性长期资产，包括专利权、商标权、著作权、土地使用权、非专利技术、商誉等。

（1）无形资产的计税基础：

①外购的无形资产，以购买价款和支付的相关税费以及直接归属于使该资产达到预定用途发生的其他支出为计税基础。

②自行开发的无形资产，以开发过程中该资产符合资本化条件后至达到预定用途前发生的支出为计税基础。

《企业会计准则第6号——无形资产》规定：企业内部研究开发项目的支出，应当区分研究阶段支出与开发阶段支出。研究是指为获取并理解新的科学或技术知识而进行的独创性的有计划调查。开发是指在进行商业性生产或使用前，将研究成果或其他知识应用于某项计划或设计，以生产出新的或具有实质性改进的材料、装置、产品等。

企业内部研究开发项目研究阶段的支出，应当于发生时计入当期损益。

企业内部研究开发项目开发阶段的支出，同时满足下列条件的，才能确认为无形资产：

第一，完成该无形资产以使其能够使用或出售在技术上具有可行性；

第二，具有完成该无形资产并使用或出售的意图；

第三，无形资产产生经济利益的方式，包括能够证明运用该无形资产生产的产品存在市场或无形资产自身存在市场，无形资产将在内部使用的，应当证明其有用性；

第四，有足够的技术、财务资源和其他资源支持，以完成该无形资产的开发，并有能力使用或出售该无形资产；

第五，归属于该无形资产开发阶段的支出能够可靠地计量。

在企业的开发活动同时符合上述五个条件后，开发对象形成无形资产，开发活动发生的支出就可以计入无形资产的计税基础。

③通过捐赠、投资、非货币性资产交换、债务重组等方式取得的无形资产，以该资产的公允价值和支付的相关税费为计税基础。

（2）无形资产的摊销。无形资产按照直线法计算的摊销费用，准予扣除。

①无形资产的摊销年限不得低于10年。

②作为投资或者受让的无形资产，有关法律规定或者合同约定了使用年限的，可以按照规定或者约定的使用年限分期摊销。

③无形资产的摊销采用直线法，不留净残值。

④外购商誉的支出，在企业整体转让或者清算时，准予扣除。

外购商誉是企业采用购买法兼并时，购买价与卖方可辨认资产公允价值的差额。考虑到商誉的价值很不确定，且不能单独存在和变现，形成商誉的因素难以控制，商誉的价值难以计算损耗等因素，税法规定自创商誉不得计算摊销费用扣除。《企业所得税法实施条例》规定，外购商誉也不计算摊销，其价值在企业整体转让或者清算时，准予扣除。

6.3.5 投资资产

投资资产，是指企业对外进行权益性投资和债权性投资形成的资产。具体包括会计准则中的交易性金融资产、持有至到期投资和长期股权投资。

（1）投资资产的分类：

①权益性投资：该项投资是指以购买被投资单位股票、股份、股权等类似形式进行的投资，投资方拥有被投资单位的产权，是被投资单位的所有者之一，有权参加被投资单位的经营管理和利润分配、承担投资风险。

②债权性投资：该项投资主要是指购买债权、债券的投资，双方以契约形式规定还本付息的期限和金额，投资方对被投资企业只有投资本金和利息的索偿权，没有参加被投资单位的经营管理权和利润分配权，也不承担投资风险。

③混合性投资：该项投资通常以购买混合型证券为标志。混合型证券是指同时兼有债务性和权益性的证券，如企业发行的优先股股票和可转换证券等。混合型投资兼有权益性投资和债权性投资的特性，可归入权益性投资，也可归入债权性投资。

（2）投资资产按照以下方法确定成本：

①通过支付现金方式取得的投资资产，以购买价款为成本；

②通过支付现金以外的方式取得的投资资产，以该资产的公允价值和支付的相关税费为成本。

（3）投资资产的税前扣除。《企业所得税法》第十四条规定：企业对外投资期间，投资资产的成本在计算应纳税所得额时不得扣除。这主要是因为：第一，企业对外投资资产对投资方来讲只是一种权益，资产的使用和耗损已经离开投资方，所以投资资产的折旧或摊销不得在投资企业扣除；第二，根据企业所得税税前扣除的相关性原则，税前扣除的成本、费用必须与取得的应纳税收入相关。投资方从被投资企业分回的股息红利等投资收益，因为分回的是税后净利润，被投资企业已经完税，投资方不再缴税，属于免税所得，投资成本也不得税前扣除。由于所得税是对资产转让净所得征税，因此，《企业所得税法实施条例》规定：企业在转让或者处置投资资产时，投资资产的成本，准予扣除。第三，对外投资，特别是长期投资，一般具有数额大、长期受益的特点，其支出的效益体现于几个会计年度（或几个营业周期），按照企业应纳税所得额计算的收入支出配比原则，应作为资本性支出，而不是当期费用一次性扣除。

［**案例6－5**］A公司2010年度利润表中利润总额为3 000万元，该公司适用的所得税税率为25%。递延所得税资产及递延所得税负债不存在期初余额。

与所得税核算有关的情况如下：

2010年发生的有关交易和事项中，会计处理与税收处理存在差别的有：

（1）2010年1月开始计提折旧的一项固定资产，成本为1 500万元，使用年限为10年，净残值为0，会计处理按双倍余额递减法计提折旧，税收处理按直线法计提折旧。假定税法规定的使用年限及净残值与会计规定相同。

（2）向关联企业捐赠现金500万元。假定按照税法规定，企业向关联方的捐赠不允许税前扣除。

（3）当期取得作为交易性金融资产核算的股票投资成本为800万元，2010年12月31日的公允价值为1 200万元。税法规定，以公允价值计量的金融资产持有期间市价变动不计入应纳税所得额。

（4）违反环保法规定应支付罚款250万元。

（5）期末对持有的存货计提了75万元的存货跌价准备。

分析：

（1）2010年度当期应交所得税：

应纳税所得额 = 3 000 + 150 + 500 - 400 + 250 + 75 = 3 575（万元）

应交所得税 = 3 575 × 25% = 893.75（万元）

（2）2010 年度递延所得税：

递延所得税资产 = 225 × 25% = 56.25（万元）

递延所得税负债 = 400 × 25% = 100（万元）

递延所得税 = 100 - 56.25 = 43.75（万元）

该公司 2010 年资产负债表相关项目金额及其计税基础如表 6-1 所示：

表 6-1 单位：万元

项　　目	账面价值	计税基础	应纳税暂时性差异	可抵扣暂时性差异
存货	2 000	2 075		75
固定资产：				
固定资产原价	1 500	1 500		
减：累计折旧	300	150		
减：固定资产减值准备	0	0		
固定资产账面价值	1 200	1 350		150
交易性金融资产	1 200	800	400	
其他应付款	250	250		
总　　计			400	225

（3）利润表中应确认的所得税费用：

所得税费用 = 893.75 + 43.75 = 937.50（万元）

确认所得税费用的账务处理如下：

借：所得税费用　　9 375 000

　　递延所得税资产　　562 500

　　贷：应交税费——应交所得税　　8 937 500

　　　　递延所得税负债　　1 000 000

6.3.6 存货

存货，是指企业持有以备出售的产品或者商品、处在生产过程中的在产品、在生产或者提供劳务过程中耗用的材料和物料等。

（1）存货的界定。《企业所得税法》对存货的界定采用了《企业会计准则》关于存货的界定。存货，是指企业在日常活动中持有以备出售的产成品或商品、处在生产过程中的在产品、在生产过程或提供劳务过程中耗用的材料和物料等。存货具体包括原材料、在产品、半成品、产成品、商品、周转材料（含包装物、低值易耗品）。

（2）存货成本的确定方法：

①通过支付现金方式取得的存货，以购买价款和支付的相关税费为成本；

②通过支付现金以外的方式取得的存货，以该存货的公允价值和支付的相关税费为成本；

③生产性生物资产收获的农产品，以产出或者采收过程中发生的材料费、人工费和分摊的间接费用等必要支出为成本。

按照《企业会计准则第1号——存货》第十四条的规定，企业应当采用先进先出法、加权平均法或者个别计价法确定发出存货的实际成本。对于性质和用途相似的存货，应当采用相同的成本计算方法确定发出存货的成本。对于不能替代使用的存货、为特定项目专门购入或制造的存货以及提供劳务的成本，通常采用个别计价法确定发出存货的成本。对于已售存货，应当将其成本结转为当期损益，相应的存货跌价准备也应当予以结转。

（3）企业使用或者销售存货的成本计算方法，可以在先进先出法、加权平均法、个别计价法中选用一种。计价方法一经选用，不得随意变更。

税法允许企业按照先进先出法、加权平均法或者个别计价法确定发出存货的实际成本，并在税前扣除，但不允许企业采用后进先出法结转已售存货的成本，即防止企业通过存货计价方法规避税收。

6.4 应纳税额的计算

6.4.1 应纳税额的计算

《企业所得税法》第二十二条规定：“企业的应纳税所得额乘以适

用税率，减除依照本法关于税收优惠的规定减免和抵免的税额后的余额，为应纳税额。”

应纳税额的计算公式为：

应纳税额 = 应纳税所得额 × 适用税率 – 减免税额 – 抵免税额

公式中的减免税额和抵免税额，是指依照《企业所得税法》和国务院的税收优惠规定减征、免征和抵免的应纳税额。

减免税额是指企业所得税法和实施条例“税收优惠”一章或国务院其他有关税收优惠中规定的、企业享受的直接减免税额。

税额抵免，是根据《企业所得税法》第三十四条和《企业所得税法实施条例》第一百条的规定，对企业购置并实际使用的环境保护、节能节水、安全生产等专用设备的投资额，其设备投资额的10%可以从当年应纳税所得额中抵免；当年不足抵免的，可以在以后五个纳税年度结转抵免。

[**案例6–6**] 某企业2010年发生下列业务：

(1) 销售产品收入6 000万元。

(2) 接受捐赠材料一批，取得赠出方开具的增值税发票，注明价款30万元，增值税5.1万元；企业找一运输公司将该批材料运回企业，支付运杂费0.9万元。

(3) 转让一项商标所有权，取得营业外收入180万元。

(4) 收取当年让渡资产使用权的专利实施许可费，取得其他业务收入30万元。

(5) 取得国债利息6万元。

(6) 全年销售成本3 000万元；销售税金及附加300万元。

(7) 全年销售费用1 500万元，含广告费1 200万元；全年管理费用600万元，含招待费240万元；全年财务费用150万元。

(8) 全年营业外支出120万元，含通过政府部门对灾区捐款60万元；直接对私立小学捐款30万元；违反政府规定被工商局罚款6万元。

要求计算：

(1) 该企业的会计利润总额；

(2) 该企业对收入的纳税调整额；

(3) 该企业对广告费用的纳税调整额；

(4) 该企业对招待费的纳税调整额；

（5）该企业对营业外支出的纳税调整额；

（6）该企业应纳税所得额；

（7）该企业应纳所得税额。

分析：

（1）该企业的会计利润总额：

企业账面利润 = 6 000 + 30 + 5.1 + 180 + 30 + 6 - 3 000 - 300 - 1 500 - 600 - 150 - 120 = 581.1（万元）

（2）该企业对收入的纳税调整额：

6万元国债利息属于免税收入应调减应纳税所得额6万元。

（3）该企业对广告费用的纳税调整额：

以销售营业收入6 030（6 000 + 30）万元为基数，不能包括营业外收入。

广告费限额 =（6 000 + 30）×15% = 904.5（万元）；广告费超支1 200 - 904.5 = 295.5（万元）

调增应纳税所得额295.5万元。

（4）该企业对招待费的纳税调整额：

招待费限额计算：①240 × 60% = 144（万元）；②（6 000 + 30）×5‰ = 30.15（万元）

招待费限额为30.15万元，超支209.85万元。

（5）该企业对营业外支出的纳税调整额：

捐赠限额 = 581.1 × 12% = 69.732（万元）

该企业60万元公益性捐赠可以扣除；直接对私立小学的捐赠不得扣除；行政罚款不得扣除。

对营业外支出的纳税调整额36万元。

（6）该企业应纳税所得额：

581.1 - 6 + 295.5 + 209.85 + 36 = 1 116.45（万元）

（7）该企业应纳所得税额：

1 116.45 × 25% = 279.11（万元）

6.4.2 企业所得税的核定征收

（1）核定征收企业所得税的适用范围。本办法适用于居民企业纳税人，纳税人具有下列情形之一的，核定征收企业所得税：

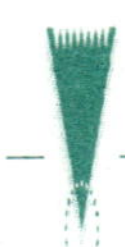

①依照法律、行政法规的规定可以不设置账簿的；

②依照法律、行政法规的规定应当设置但未设置账簿的；

③擅自销毁账簿或者拒不提供纳税资料的；

④虽设置账簿，但账目混乱或者成本资料、收入凭证、费用凭证残缺不全，难以查账的；

⑤发生纳税义务，未按照规定的期限办理纳税申报，经税务机关责令限期申报，逾期仍不申报的；

⑥申报的计税依据明显偏低，又无正当理由的。

特殊行业、特殊类型的纳税人和一定规模以上的纳税人不适用本办法。特定纳税人由国家税务总局另行明确。

（2）核定征收的办法。税务机关应根据纳税人的具体情况，对核定征收企业所得税的纳税人，核定应税所得率或者核定应纳所得税额。

①核定应税所得率征收，是指税务机关按照一定的标准、程序和方法，预先核定纳税人的应税所得率，由纳税人根据纳税年度内的收入总额或成本费用等项目的实际发生额，按预先核定的应税所得率计算缴纳企业所得税的方法。

具有下列情形之一的，核定其应税所得率：

第一，能正确核算（查实）收入总额，但不能正确核算（查实）成本费用总额的；

第二，能正确核算（查实）成本费用总额，但不能正确核算（查实）收入总额的；

第三，通过合理方法，能计算和推定纳税人收入总额或成本费用总额的。

采用应税所得率方式核定征收企业所得税的，应纳所得税额计算公式如下：

应纳所得税额 = 应纳税所得额 × 适用税率

应纳税所得额 = 应税收入额 × 应税所得率

或：应纳税所得额 = 成本（费用）支出额 ÷（1 − 应税所得率）× 应税所得率

实行应税所得率方式核定征收企业所得税的纳税人，经营多业的，无论其经营项目是否单独核算，均由税务机关根据其主营项目确定适用的应税所得率。主营项目应为纳税人所有经营项目中，收入总额或者成本（费用）支出额或者耗用原材料、燃料、动力数量所占比重最大的项目。

应税所得率按表6－2规定的幅度标准确定。

表6－2　　应税所得率表

行业	应税所得率（%）
农、林、牧、渔业	3～10
制造业	5～15
批发和零售贸易业	4～15
交通运输业	7～15
建筑业	8～20
饮食业	8～25
娱乐业	15～30
其他行业	10～30

②核定应纳所得税额征收，是指税务机关按照一定的标准、程序和方法，直接核定纳税人纳税年度应纳所得税额，由纳税人按规定申报的方法。

税务机关采用下列方法核定征收企业所得税：

第一，参照当地同类行业或者类似行业中经营规模和收入水平相近的纳税人的税负水平核定；

第二，按照应税收入额或成本费用支出额定率核定；

第三，按照耗用的原材料、燃料、动力等推算或测算核定；

第四，按照其他合理方法核定。

采用上述所列一种方法不足以正确核定应纳税所得额或应纳税额的，可以同时采用两种以上的方法核定。采用两种以上方法测算的应纳税额不一致时，可按测算的应纳税额从高核定。

③纳税人的生产经营范围、主营业务发生重大变化，或者应纳税所得额或应纳税额增减变化达到20%的，应及时向税务机关申报调整已确定的应纳税额或应税所得率。

[案例6－7] 某私营企业，注册资金325万元，从业人员20人，2011年2月10日向其主管税务机关申报2010年度取得收入总额142万

元，发生的直接成本120万元、其他费用33万元，全年应纳税所得额-7万元。后经税务机关审核，其成本、费用无误，但收入总额不能准确核算。假定应税所得率为15%，按照核定征收企业所得税的办法，该企业2010年度是否应缴企业所得税？

分析：该企业按成本费用推算应纳税所得额 =（120+33）÷（1-15%）×15% =27（万元）

按照新企业所得税法规定，采用核定纳税的企业，即使符合小型微利企业的标准，也不能使用小型微利企业的优惠税率。

应纳税额 =27×25% =6.75（万元）

6.4.3 税收抵免

企业取得的下列所得已在境外缴纳的所得税税额，可以从其当期应纳税额中抵免，抵免限额为该项所得依照本法规定计算的应纳税额；超过抵免限额的部分，可以在以后五个年度内，用每年度抵免限额抵免当年应抵税额后的余额进行抵补：居民企业来源于中国境外的应税所得；非居民企业在中国境内设立机构、场所，取得发生在中国境外但与该机构、场所有实际联系的应税所得。

（1）境外缴纳的所得税税额。已在境外缴纳的所得税税额，是指企业来源于中国境外的所得依照中国境外税收法律以及相关规定应当缴纳并已经实际缴纳的企业所得税性质的税款。

①可以抵免的税额，是指企业来源于中国境外的所得，依照中国境外的法律及相关规定而缴纳的税款。

②可以抵免的税款，仅限于企业所得税性质的税款。

③可以抵免的税款，限于企业应当缴纳并已经实际缴纳的税款。这里有两点应当强调：第一，企业根据中国境外税收法律及相关规定，就其来源于中国境外的所得所应当缴纳的所得税。如果根据境外的法律和规定，无须缴纳所得税性质的税款，即便是企业已经缴纳了所谓的“企业所得税”，也不得抵免。第二，根据国际税收抵免所遵循的“实质性原则”，必须是企业已经实际缴纳的税款才可抵免。根据当地税收优惠政策减免的税款，已经转嫁或得到补偿的所谓“企业所得税”也不属于税收抵免的范围。

（2）抵免限额和抵免方式。抵免限额，是指企业来源于中国境外的所得，依照《企业所得税法》和《企业所得税法实施条例》的规定计算的应纳税额。除国务院财政、税务主管部门另有规定外，该抵免限额应当分国（地区）不分项计算，计算公式如下：

抵免限额 = 中国境内、境外所得依照《企业所得税法》和《企业所得税法实施条例》的规定计算的应纳税总额 × 来源于某国（地区）的应纳税所得额 ÷ 中国境内、境外应纳税所得总额

具体计算步骤为：

①计算企业来源于中国境内、境外的所得依照《企业所得税法》及《企业所得税法实施条例》的规定应当缴纳的企业所得税总额。

②计算来源于特定国家（地区）应纳税所得额。

③计算来源于中国境内、境外应纳税所得总额。

④按公式计算结果就是可抵免的最高限额。

[案例6－8] 甲企业2010年度境内经营所得为500万元，其在A国投资获利100万元，按照A国税法规定已缴纳企业所得税25万元。其抵扣限额和应纳所得税额计算如下：

境外所得税税款扣除限额 = （500 + 100） × 25% × [100/（500 + 100）] = 25（万元）

在境内应补缴的所得税款 = 25 − 25 = 0（万元）

汇总应纳所得税额 = （500 + 100） × 25% − 25 = 125（万元）

分析：境外实际缴纳的所得税等于扣除限额，则纳税人在境外缴纳的税额可以全部扣除，实际扣除额等于扣除限额。

[案例6－9] 乙企业2010年度境内经营所得为500万元，其在B国投资获利100万元，按照B国税法规定已缴纳企业所得税20万元。其抵扣限额和应纳所得税额计算如下：

境外所得税税款扣除限额 = （500 + 100） × 25% × [100/（500 + 100）] = 25（万元）

在境内应补缴的所得税款 = 25 − 20 = 5（万元）

汇总应纳所得税额 = （500 + 100） × 25% − 20 = 130（万元）

分析：境外实际缴纳的所得税低于扣除限额，纳税人只能扣除其在境外实际缴纳的所得税，其差额为在境内应补缴的所得税款。

[案例6－10] 丙企业2010年度境内经营所得为500万元，其在C国投资获利100万元，按照C国税法规定已缴纳企业所得税30万元。

其抵扣限额和应纳所得税额计算如下：

境外所得税税款扣除限额 =（500 + 100）×25% ×［100/（500 + 100）］= 25（万元）

丙企业在境外已缴纳企业所得税 30 万元大于境外所得税税款扣除限额 25 万元，当年只能扣除 25 万元，超过部分 5 万元不得扣除。

汇总应纳所得税额 =（500 + 100）×25% − 25 = 125（万元）

分析：丙企业在境外实际缴纳所得税额 30 万元，而按我国税法规定计算的扣除限额为 25 万元，其差额 5 万元不得在本纳税年度内扣除，也不得在费用内列支，利用《企业所得税年度纳税申报表》附表六计算“境外所得应纳所得税额”和“境外所得抵免所得税额”超过抵免限额的余额，可以用以后年度的扣除限额节余抵补，抵补期最长不超过 5 年。

［案例 6 − 11］ 我国某企业应纳税所得额为 100 万元，适用 25% 的企业所得税税率。另外，该企业分别在 A、B 两国设有分支机构（我国与 A、B 两国已经缔结避免双重征税协定），在 A 国分支机构的应纳税所得额为 50 万元，A 国税率为 20%；在 B 国的分支机构的应纳税所得额为 30 万元，B 国税率为 35%。假设该企业在 A、B 两国所得按我国税法计算的应纳税所得额和按 A、B 两国税法计算的应纳税所得额是一致的，两个分支机构在 A、B 两国分别缴纳 10 万元和 10.5 万元的所得税。计算该企业汇总在我国应缴纳的企业所得税税额。

纳税人来源于中国境外的所得，已在境外缴纳的所得税税款，准予在汇总纳税时从其应纳税额中扣除，但是扣除额不得超过其境外所得依照中国税法规定计算的应纳税额。税额扣除有全额扣除与限额扣除，我国税法实行限额扣除。

应纳税额即为抵免限额，应当分国（地区）不分项计算，其计算公式是：

境外所得税税款抵免限额 = 境内境外所得按税法计算的应纳税总额 ×（来源于某外国的所得 ÷ 境内境外所得总额）

根据上述政策，境外所得已纳税额的抵免额计算如下：

①该企业按我国税法计算的境内、境外所得的应纳税额：

应纳税额 =（100 + 50 + 30）×25% = 45（万元）

②A、B 两国的抵免限额：

A 国抵免限额 = 45 × [50 ÷ (100 + 50 + 30)] = 12.5 (万元)

B 国抵免限额 = 45 × [30 ÷ (100 + 50 + 30)] = 7.5 (万元)

在 A 国缴纳的所得税为 10 万元，低于抵免限额 12.5 万元，可全额扣除；

在 B 国缴纳的所得税为 10.5 万元，高于抵免限额 7.5 万元，其超过抵免限额的部分 3 万元不能扣除。

③在我国应缴纳的所得税额：

应纳税额 = 45 - 10 - 7.5 = 27.5 (万元)

(3) 关于受控子公司的规定。《企业所得税法》第二十四条规定："居民企业从其直接或者间接控制的外国企业分得的来源于中国境外的股息、红利等权益性投资收益，外国企业在境外实际缴纳的所得税税额中属于该项所得负担的部分，可以作为该居民企业的可抵免境外所得税税额，在本法第二十三条规定的抵免限额内抵免。"

①直接控制，是指居民企业直接持有外国企业 20% 以上股份。

第一，居民企业直接持有外国企业 20% 以上股份是指与居民企业构成直接投资关系的企业，仅限于一层投资关系，不包括企业通过其他企业间接投资的外国企业；

第二，居民企业持有该外国企业的股份达到 20% 以上，而且这种股份不区分是否拥有表决权。

②间接控制，是指居民企业以间接持股方式持有外国企业 20% 以上股份。

第一，居民企业持有外国企业股份的方式，是限于间接持有方式，也就是居民企业与外国企业的投资关系是间接的投资关系，而非直接。至于投资级次的问题，授权国务院财政、税务主管部门根据实践情况的需要，另行规定。

第二，居民企业间接持有外国企业的股份达到 20% 以上，这里也并不要求居民企业所持有的股份有表决权，也包括没有表决权的股份。

③企业依照《企业所得税法》第二十三条、第二十四条的规定抵免企业所得税税额时，应当提供中国境外税务机关出具的税款所属年度的有关纳税凭证。

[案例 6-12] 丁企业 2010 年度境内经营所得为 200 万元，其在 D 国的 W 公司投资折合人民币 200 万元，占股份的 20%，当年从 W 公司

分回股息性所得折合人民币 80 万元。D 国税法规定企业所得税的税率为 15%，丁企业已经取得 D 国税务机关给 W 公司开具的完税证明，W 公司在 D 国纳税 70.59 万元。

分析：

(1) 将股利所得换算成应纳税所得额：

80 ÷ (1 - 15%) = 94.12 (万元)

(2) 丁企业的国内、国外所得按我国税法应纳企业所得税额：

(200 + 94.12) × 25% = 73.53 (万元)

(3) 丁企业从国外分回的股利在国外已纳税额：

94.12 × 15% = 14.12 (万元)

(4) 丁企业分回的股利在境内应纳税额：

94.12 × 25% - 14.12 = 9.41 (万元)

(5) 丁企业国内、国外所得抵免国外纳税后的应纳税额：

(200 + 94.12) × 25% - 14.12 = 59.41 (万元)

第 7 章

个人所得税

7.1 个人所得税基础

7.1.1 个人所得税的计税原理

个人所得税是以自然人取得的各类应税所得为征税对象而征收的一种所得税，是政府利用税收对个人收入进行调节的一种手段。个人所得税的征税对象不仅包括个人还包括具有自然人性质的企业。

个人所得税以个人的纯所得为计税依据。因此，计税时以纳税人的收入或报酬扣除有关费用以后的余额为计税依据。有关费用一方面是指与获取收入和报酬有关的经营费用；另一方面是维持纳税人自身及家庭生活需要的费用。具体分为三类：第一，与应税收入相配比的经营成本和费用；第二，与个人总体能力相匹配的免费扣除和家庭生计扣除；第三，为了体现特定社会目标而鼓励的支出，称为“特别费用扣除”，如慈善捐赠等。

7.1.2 纳税人

个人所得税的纳税义务人是指在中国境内有住所，或者虽无住所但在境内居住满1年，以及无住所又不居住或居住不满1年但有从中国境内取得所得的个人。包括中国公民、个体工商户、在中国有所得的外籍人员（包括无国籍人员，下同）以及香港、澳门、台湾同胞。自2001年1月1日起，个人独资企业和合伙企业投资者也为个人所得税的纳税人。

上述纳税义务人依据住所和居住时间两个标准，区分为居民纳税义务人和非居民纳税义务人，分别承担不同的纳税义务。

（1）居民纳税义务人。居民纳税义务人是指在中国境内有住所，或者无住所而在中国境内居住满1年的个人。所谓在中国境内有住所的个人，是指因户籍、家庭、经济利益关系，而在中国境内习惯性居住的个人。所谓在境内居住满1年，是指在一个纳税年度（即公历1月1日起至12月31日止，下同）内，在中国境内居住满365日。在计算居住天数时，临时离境应视同在华居住，不扣减其在华居住的天数。这里所说的临时离境，是指在一个纳税年度内，一次不超过30日或者多次累计不超过90日的离境。

现行税法中关于“中国境内”的概念，是指中国大陆地区，目前还不包括香港、澳门和台湾地区。

居民纳税义务人负有无限纳税义务。其所取得的应纳税所得，无论是来源于中国境内还是中国境外，都要在中国缴纳个人所得税。

（2）非居民纳税义务人。非居民纳税义务人，是指不符合居民纳税义务人判定标准（条件）的纳税义务人。《中华人民共和国个人所得税法》（以下简称《个人所得税法》）规定，非居民纳税义务人是“在中国境内无住所又不居住，或无住所且居住不满一年的个人”。也就是说，非居民纳税义务人，是指习惯性居住地不在中国境内，而且不在中国居住，或者在一个纳税年度内，在中国境内居住不满一年的个人。

非居民纳税义务人承担有限纳税义务，即仅就其来源于中国境内的所得，向中国政府缴纳个人所得税。

居民纳税人和非居民纳税人的比较如表7-1所示。

表 7－1　　居民纳税人和非居民纳税人比较

纳税人类别	承担的纳税义务	判定标准
居民纳税人	负有无限纳税义务。其所取得的应纳税所得，无论来源于中国境内还是中国境外，都要在中国境内缴纳个人所得税	住所标准和居住时间标准只要具备一个就成为居民纳税人：①住所标准："在中国境内有住所"是指因户籍、家庭、经济利益关系而在中国境内习惯性居住；②居住时间标准："在中国境内居住满一年"是指在一个纳税年度（即公历 1 月 1 日起至 12 月 31 日止）内，在中国境内居住满 365 日。在计算居住天数时，临时离境应视同在华居住，不扣减其在华居住的天数。"临时离境"是指在一个纳税年度内，一次不超过 30 日或多次累计不超过 90 日的离境
非居民纳税人	承担有限纳税义务，只就其来源于中国境内的所得，向中国缴纳个人所得税	在我国境内无住所又不居住或者无住所而在境内居住不满 1 年的人。所以，非居民纳税人的判定条件是以下两条件必须同时具备：①在我国无住所；②在一个纳税年度内，在我国不居住或居住不满 1 年

[案例 7－1] 约翰、怀特和哈利三位先生均系美国纽约人，而且都是美国林顿发展有限公司的高级雇员。因工作需要，约翰和怀特两位先生于 2009 年 12 月 8 日被美国总公司派往中国的分公司工作，在北京业务区。紧接着 2010 年 2 月 10 日哈利先生也被派往中国工作，在杭州业务区。其间，各自因工作需要，三人均回国述职一段时间。约翰先生于 2010 年 7～8 月回国两个月，怀特和哈利两位先生于 2010 年 9 月回国 20 天。

2010 年 12 月 20 日，发放年终工资、薪金。约翰先生领得中国分公司支付的工资、薪金 10 万元，美国总公司支付的工资、薪金 1 万美元。怀特和哈利先生均领得中国分公司的 12 万元和美国总公司的 1 万美元。

公司财务人员负责代扣代缴个人所得税，其中约翰和哈利两人仅就中国分公司支付的所得缴税，而怀特先生则两项所得均要缴税。怀特先生不明白，便问财务人员。财务人员的答复是怀特先生为居民纳税人，而约翰和哈利是非居民纳税人。请问财务人员的处理是否正确？

分析：在本案例中，约翰等三人均习惯性居住在美国，而且其户籍和主要经济利益地也为美国，中国只不过是临时工作地，因而均不能被认定为在中国境内有住所。

这里的“居住满一年”，根据《个人所得税法实施条例》第三条的规定，是指在中国境内居住满365日。临时离境的，不扣除天数。所谓临时离境是指在一个纳税年度一次不超过30日或多次累计不超过90日的离境。这里的纳税年度是指从公历1月1日到12月31日的期间。即如果一个纳税人在中国境内实际居住时间已超过365天，但从每一纳税年度看都没有居住满一年，则该个人不能被认定为中国的居民纳税人。

在本案例中，约翰先生一次性出境两个月，明显超过30天的标准，因而应定为居住不满一年，为非居民纳税人；哈利先生于2010年2月10日才来中国，在一个纳税年度内（1月1日到12月31日）没居住满一年，因而也不是居民纳税人；只有怀特先生在2010年纳税年度1月1日至12月31日期间，除临时离境20天外，其余时间全在中国，居住满一年，因而属于居民纳税人，其全部所得均应缴纳个人所得税。所以财务人员的处理是正确的。

7.1.3 纳税范围与所得形式

（1）个人所得税的纳税范围：

①工资、薪金所得，是指个人因任职或者受雇而取得的工资、薪金、奖金、年终加薪、劳动分红、津贴、补贴以及与任职或者受雇有关的其他所得。对于不属于工资、薪金性质的补贴、津贴或者不属于纳税人本人工资、薪金所得项目的收入，不应计入该项所得。

②个体工商户的生产、经营所得。具体包括：

第一，个体工商户从事工业、手工业、建筑业、交通运输业、商业、饮食业、服务业、修理业以及其他行业生产、经营取得的所得；

第二，个人经政府有关部门批准，取得执照，从事办学、医疗、咨询以及其他有偿服务活动取得的所得；

第三，上述个体工商户和个人取得的与生产、经营有关的各项应纳税所得；

第四，个人因从事彩票代销业务而取得所得，应按照“个体工商户的生产、经营所得”项目计征个人所得税；

第五，其他个人从事个体工商业生产、经营取得的所得。

需要指出的是：个人从事生产、经营活动，不论是否经工商行政管理部门批准，在税收上对其取得的生产、经营收入，都适用个体工商户的生产、经营所得项目，计算征收个人所得税。个体工商户户主取得的与自身生产、经营活动无关的其他各项所得，不得计入个体工商户的生产、经营所得，应分别按照其他应税项目的有关规定，计算征收个人所得税。

③对企事业单位的承包经营、承租经营所得，是指个人承包经营、承租经营以及转包、转租取得的所得，包括个人按月或者按次取得的工资、薪金性质的所得。

企业实行个人承包、承租经营后，凡工商登记仍为企业的，不管其分配形式如何，均应先按照《企业所得税法》的有关规定缴纳企业所得税。承包、承租经营者按照承包、承租经营合同（协议）规定取得的所得，再按照《个人所得税法》的有关规定缴纳个人所得税。在适用应税所得项目时，具体可分为三类：

第一，承包、承租人对经营成果不拥有所有权，仅是按合同（协议）规定取得一定的所得，其所得应按工资、薪金所得项目征税。

第二，承包、承租人按合同（协议）的规定只向发包、出租方交纳一定费用后，企业经营成果归其所有的，承包、承租人取得的所得，按对企事业单位的承包、承租经营所得项目征税。

第三，企业实行个人承包、承租经营后，如工商登记改变为个体工商户的，应依照个体工商户的生产经营项目征收个人所得税，不再征收企业所得税。

④劳务报酬所得，是指个人从事设计、装潢、安装、制图、化验、测试、医疗、法律、会计、咨询、讲学、新闻、广播、翻译、审稿、书画、雕刻、影视、录音、录像、演出、表演、广告、展览、技术服务、介绍服务、经纪服务、代办服务以及其他劳务取得的所得。

⑤稿酬所得，是指个人因其作品以图书、报刊形式出版、发表而取得的所得。稿酬所得严格来讲应属于特许权使用费所得范畴，我国个人所得税法将其独立出来，单独作为一个应税所得项目，兼顾对这一所得项目的纳税人在个人所得税方面给予一定的税收优惠。

⑥特许权使用费所得，是指个人提供专利权、商标权、著作权、非专利技术以及其他特许权的使用权取得的所得；提供著作权的使用权取

得的所得，不包括稿酬所得。

⑦利息、股息、红利所得，是指个人拥有债权、股权而取得的利息、股息、红利所得。

⑧财产租赁所得，是指个人出租建筑物、土地使用权、机器设备、车船以及其他财产取得的所得。

⑨财产转让所得，是指个人转让有价证券、股权、建筑物、土地使用权、机器设备、车船以及其他财产取得的所得。

知识链接

股权转让政策解读

国家税务总局于2009年颁发国税函［2009］285号关于股权转让有关问题的文件，明确个人股权转让个人所得税征缴相关问题，主要是为了堵塞税收管理中的漏洞。

个人股权转让完成交易以后，负有纳税义务的转让方或有代扣代缴义务的受让方，应到税务机关办理纳税申报个人所得税，并取得完税证明，再到工商行政管理部门办理变更手续。近年来，随着市场经济的发展，个人投资行为在我国越来越普遍，与此同时，个人的股权转让也日渐增多。目前，我国对个人转让非上市公司股权按“转让财产所得”征收20%的个人所得税。但是，由于大多数纳税人和扣缴义务人对个人股权转让的税收政策还比较陌生，不依法履行纳税义务和扣缴义务的现象比较常见。“而个人股权转让具有偶发性和隐蔽性，转让价格又带有主观性，税务机关在税收管理中存在一定难度。”为了堵塞税收管理中的漏洞，税务总局下发了这份关于加强股权转让所得征收个人所得税管理的通知，对个人股权转让过程中的涉税问题作了原则性规定。

股权转让交易各方签订股权转让协议，但没有完成股权转让交易的，企业在向工商行政管理部门申请股权变更登记时，应填写《个人股东变动情况报告表》，并向主管税务机关申报；完成股权转让交易以后，负有纳税义务或代扣代缴义务的转让方或受让方，应到主管税务机关办理纳税申报，并持税务机关开具的股权转让所得缴纳个人

所得税完税凭证或免税、不征税证明，到工商行政管理部门办理股权变更登记手续。

文件要求，各地税务机关要高度重视股权转让个人所得税征收管理，主动加强与工商部门的协作，获取个人股权转让信息；进一步规范股权转让所得个人所得税征管流程，建立完整的管理链条和内部控管机制；对申报的计税依据明显偏低且无正当理由的，可参照每股净资产或个人股东享有的股权比例所对应的净资产份额核定。

⑩偶然所得，是指个人得奖、中奖、中彩以及其他偶然性质的所得。

知识链接

个人得奖政策解读

《国家税务总局关于第四届高等学校教学名师奖奖金免征个人所得税问题的通知》（国税函［2009］39号）规定：关于国务院部、委颁发的教育等方面的奖金免征个人所得税的规定，对第四届高等学校教学名师奖奖金，免予征收个人所得税。

《国家税务总局关于第五届中华宝钢环境奖和中华宝钢环境优秀奖奖金免征个人所得税问题的通知》（国税函［2009］169号）规定：中华环境奖属于国务院部、委颁发的环境保护方面的奖项，根据《中华人民共和国个人所得税法》第四条第一项关于国务院部、委颁发的环境保护方面的奖金免征个人所得税的规定，对第五届中华宝钢环境奖和中华宝钢环境优秀奖获奖者个人所获奖金，免予征收个人所得税。

《国家税务总局关于全国职工职业技能大赛奖金免征个人所得税的通知》（国税函［2010］78号）规定：根据《中华人民共和国个人所得税法》第四条有关国务院部委颁发的技术方面奖金免征个人所得税的规定对第三届全国职工职业技能大赛获奖者取得的奖金免征个人所得税。

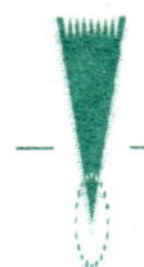

⑪经国务院财政部门确定征税的其他所得。除上述列举的各项个人应税所得外，其他确有必要征税的个人所得，由国务院财政部门确定。个人取得的所得，难以界定应纳税所得项目的，由主管税务机关确定。

（2）个人所得税的所得形式。个人所得的形式，包括现金、实物、有价证券和其他形式的经济利益。所得为实物的，应当按照取得的凭证上所注明的价格计算应纳税所得额；无凭证的实物或者凭证上所注明的价格明显偏低的，由主管税务机关参照市场价格核定应纳税所得额。所得为有价证券的，由主管税务机关根据票面价格和市场价格核定应纳税所得额。所得为其他形式的经济利益的，由主管税务机关参照市场价格核定应纳税所得额。

7.2 应纳税额的计算与申报

7.2.1 个人所得税的计算

（1）应纳税所得额的基本内容。个人所得税的应纳税所得额是个人所得税的计税依据，是个人取得的各项应纳税所得减去按规定标准扣除费用后的余额。个人取得的应纳税所得，包括现金、实物和有价证券。个人所得税的项目不同，其扣除标准和应纳税所得额也不相同。

①工资、薪金所得，以每月收入额减除费用2 000元后的余额，为应纳税所得额。

对在中国境内无住所而在中国境内取得工资、薪金所得的纳税义务人和在中国境内有住所而在中国境外取得工资、薪金所得的纳税义务人，可以根据其平均收入水平、生活水平以及汇率变化情况，增列了附加减除费用的规定。即每月在减除2 000元费用的基础上，再减除2 800元的附加减除费用标准。

在中国境外取得工资、薪金所得，是指在中国境外任职或者受雇而

取得的工资、薪金所得。

附加减除费用适用的范围包括：

第一，在中国境内的外商投资企业和外国企业中工作的外籍人员；

第二，应聘在中国境内的企业、事业单位、社会团体、国家机关中工作的外籍专家；

第三，在中国境内有住所而在中国境外任职或者受雇取得工资、薪金所得的个人；

第四，国务院财政、税务主管部门确定的其他人员。

附加减除费用还适用于华侨和香港、澳门、台湾同胞。

②个体工商户的生产、经营所得，以每一纳税年度的收入总额，减除成本、费用以及损失后的余额，为应纳税所得额。成本、费用，是指纳税义务人从事生产、经营所发生的各项直接支出和分配计入成本的间接费用以及销售费用、管理费用、财务费用；所说的损失，是指纳税义务人在生产、经营过程中发生的各项营业外支出。从事生产、经营的纳税义务人未提供完整、准确的纳税资料，不能正确计算应纳税所得额的，由主管税务机关核定其应纳税所得额。

个人独资企业和合伙企业每一纳税年度的收入总额减除成本、费用以及损失后的余额，作为投资者个人的生产经营所得，比照个人所得税法的“个体工商户的生产经营所得”应税项目，适用 5% ~35% 的 5 级超额累进税率，计算征收个人所得税。个人独资企业和合伙企业对外投资分回的利息、股息、红利，不并入企业的收入，而应单独作为投资者个人取得的利息、股息、红利所得征税。以合伙企业名义对外投资分回利息、股息、红利的，应按合伙企业投资者计算应纳税所得额的规定确定各投资者的利息、股息、红利所得，分别征税。

关于个体工商户、个人独资企业和合伙企业的成本、费用以及损失，具体规定如下：

第一，个体工商户业主、个人独资企业和合伙企业投资者本人的费用扣除标准统一确定为 24 000 元/年（2 000 元/月）。

第二，个体工商户、个人独资企业和合伙企业向其从业人员实际支付的合理的工资、薪金支出，允许在税前据实扣除。

第三，个体工商户、个人独资企业和合伙企业拨缴的工会经费、发生的职工福利费、职工教育经费支出分别在工资薪金总额 2%、14%、

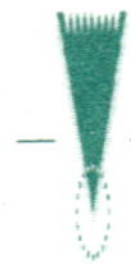

2.5%的标准内据实扣除。

第四，个体工商户、个人独资企业和合伙企业每一纳税年度发生的广告费和业务宣传费用不超过当年销售（营业）收入15%的部分，可据实扣除；超过部分，准予在以后纳税年度结转扣除。

第五，个体工商户、个人独资企业和合伙企业每一纳税年度发生的与其生产经营业务直接相关的业务招待费支出，按照发生额的60%扣除，但最高不得超过当年销售（营业）收入的5‰。

第六，个人独资、合伙企业的个人投资者以企业资金为本人、家庭成员支付与企业生产经营无关的消费性支出及购买汽车、住房等财产性支出，视同企业对个人投资者的利润分配，需要并入投资者个人的生产、经营所得，依照"个体工商户的生产经营所得"项目计征个人所得税。

第七，除个人独资、合伙企业以外的其他企业的个人投资者，如果也出现上述情况，要按照对个人投资者的红利分配，按照"利息、股息、红利所得"项目计征个人所得税，并且企业的消费性支出不得在税前扣除。

纳税年度内个人投资者从其投资企业（个人独资企业、合伙企业除外）借款，在该纳税年度终了后既不归还，又未用于企业生产经营的，其未归还的借款可视为企业对个人投资者的红利分配，依照"利息、股息、红利所得"项目计征个人所得税。

③对企事业单位的承包经营、承租经营所得，以每一纳税年度的收入总额，减除必要费用后的余额，为应纳税所得额。每一纳税年度的收入总额，是指纳税义务人按照承包经营、承租经营合同规定分得的经营利润和工资、薪金性质的所得；减除必要费用，是指按月减除2 000元。

④劳务报酬所得、稿酬所得、特许权使用费所得、财产租赁所得，每次收入不超过4 000元的，减除费用800元；4 000元以上的，减除20%的费用，其余额为应纳税所得额。

⑤财产租赁所得，以个人每次取得的收入，定额或定率减除规定费用后的余额为应纳所得税额。每次收入不超过4 000元，定额减除费用800元；4 000元以上的，减除20%的费用，其余额为应纳税所得额。

有关财产租赁所得个人所得税前扣除税费的扣除次序调整为（国税函［2009］639号）：

第一，财产租赁过程中缴纳的税费；

第二，向出租方支付的租金；

第三，由纳税人负担的租赁财产实际开支的修缮费用；

第四，税法规定的费用扣除标准。

⑥财产转让所得，以转让财产的收入额减除财产原值和合理费用后的余额，为应纳税所得额。

其中，财产原值，是指：

第一，有价证券，为买入价以及买入时按照规定交纳的有关费用；

第二，建筑物，为建造费或者购进价格以及其他有关费用；

第三，土地使用权，为取得土地使用权所支付的金额、开发土地的费用以及其他有关费用；

第四，机器设备、车船，为购进价格、运输费、安装费以及其他有关费用；

第五，其他财产，参照以上方法确定。

纳税义务人未提供完整、准确的财产原值凭证，不能正确计算财产原值的，由主管税务机关核定其财产原值。

合理费用，是指卖出财产时按照规定支付的有关费用。

知识链接

个人转让上市公司限售股所得政策解读

财税［2009］167号文件就个人转让上市公司限售流通股（以下简称限售股）取得的所得征收个人所得税有关规定如下：

（1）自2010年1月1日起，对个人转让限售股取得的所得，按照“财产转让所得”，适用20%的比例税率征收个人所得税。

（2）限售股包括：①上市公司股权分置改革完成后股票复牌日之前股东所持原非流通股股份，以及股票复牌日至解禁日期间由上述股份孳生的送、转股（以下统称股改限售股）；②2006年股权分置改革新老划断后，首次公开发行股票并上市的公司形成的限售股，以及

上市首日至解禁日期间由上述股份孳生的送、转股（以下统称新股限售股）；③财政部、税务总局、法制办和证监会共同确定的其他限售股。

(3) 个人转让限售股，以每次限售股转让收入，减除股票原值和合理税费后的余额，为应纳税所得额。即：应纳税所得额 = 限售股转让收入 -（限售股原值 + 合理税费）；应纳税额 = 应纳税所得额 ×20%。限售股转让收入是指转让限售股股票实际取得的收入。限售股原值，是指限售股买入时的买入价及按照规定缴纳的有关费用。合理税费，是指转让限售股过程中发生的印花税、佣金、过户费等与交易相关的税费。如果纳税人未能提供完整、真实的限售股原值凭证的，不能准确计算限售股原值的，主管税务机关一律按限售股转让收入的15%核定限售股原值及合理税费。

(4) 限售股转让所得个人所得税，以限售股持有者为纳税义务人，以个人股东开户的证券机构为扣缴义务人。限售股个人所得税由证券机构所在地主管税务机关负责征收管理。

(5) 限售股转让所得个人所得税，采取证券机构预扣预缴、纳税人自行申报清算和证券机构直接扣缴相结合的方式征收。证券机构预扣预缴的税款，于次月7日内以纳税保证金形式向主管税务机关缴纳。主管税务机关在收取纳税保证金时，应向证券机构开具《中华人民共和国纳税保证金收据》，并纳入专户存储。

⑦利息、股息、红利所得，偶然所得和其他所得，以每次收入额为应纳税所得额。

自2005年6月13日起，个人从上市公司取得的股息、红利所得按以下规定处理：

第一，对个人投资者从上市公司取得的股息、红利所得，自2005年6月13日起暂减按50%计入个人应纳所得税额，依照现行税法规定计征个人所得税。

第二，对证券投资基金从上市公司分配取得的股息、红利所得，按照《财政部、国家税务总局关于股息红利个人所得税有关政策的通知》（财税［2005］102号）的规定，扣缴义务人在代扣代缴个人所得税

时，减按50%计算应纳税所得额。

对储蓄存款利息所得开征、减征、停征个人所得税及其具体办法，由国务院规定。

⑧股票期权所得。实施股票期权计划企业授予该企业员工的股票期权所得，应按《个人所得税法》及其实施条例有关规定征收个人所得税。

企业员工股票期权（简称股票期权）是指上市公司按照规定的程序授予本公司及其控股企业员工的一项权利，该权利允许被授权员工在未来时间内以某一特定价格购买本公司一定数量的股票。“某一特定价格”被称为“授予价”或“施权价”，即根据股票期权计划可以购买股票的价格，一般为股票期权授予日的市场价格或该价格的折扣价格，也可以是按照事先设定的计算方法约定的价格。“授予日”，也称“授权日”，是指公司授予员工股票期权的日期；“行权”，也称“执行”，是指员工根据股票期权计划选择购买股票的过程；员工行使股票期权的当日为“行权日”，也称“购买日”。

第一，员工接受实施股票期权计划雇主（含上市公司和非上市公司）授予的股票期权，凡该股票期权指定的股票为上市公司（含境内、外上市公司）股票的，一般不作为应税所得征税。

但是部分股票期权在授权时即约定可以转让，且在境内或境外存在公开市场及挂牌价格（以下称可公开交易的股票期权）。员工接受该可公开交易的股票期权时，应按以下规定进行税务处理：

其一，员工取得可公开交易的股票期权，属于员工已实际取得有确定价值的财产，应按授权日股票期权的市场价格，作为员工授权日所在月份的工资薪金所得，并按规定计算缴纳个人所得税。如果员工以折价购入方式取得股票期权的，可以授权日股票期权的市场价格扣除折价购入股票期权时实际支付的价款后的余额，作为授权日所在月份的工资薪金所得。

其二，员工取得可公开交易的股票期权后，转让该股票期权所取得的所得，属于财产转让所得，按规定进行税务处理。

其三，员工取得可公开交易的股票期权后，实际行使该股票期权购买股票时，不再计算缴纳个人所得税。

第二，员工行权时，其从企业取得股票的实际购买价（施权价）

低于购买日公平市场价（指该股票当日的收盘价，下同）的差额，是因员工在企业的表现和业绩情况而取得的与任职、受雇有关的所得，应按“工资、薪金所得”适用的规定计算缴纳个人所得税。员工取得该股票期权支付的每股施权价，一般是指员工行使股票期权购买股票实际支付的每股价格。如果员工以折价购入方式取得股票期权的，施权价可包括员工折价购入股票期权时实际支付的价格。

对因特殊情况，员工在行权日之前将股票期权转让的，以股票期权的转让净收入，作为工资薪金所得征收个人所得税。股票期权的转让净收入，一般是指股票期权转让收入。如果员工以折价购入方式取得股票期权的，可以股票期权转让收入扣除折价购入股票期权时实际支付的价款后的余额，作为股票期权的转让净收入。

员工行权日所在期间的工资薪金所得，应按下列公式计算工资薪金应纳税所得额：

$$\begin{matrix}\text{股票期权形式的工资}\\\text{薪金应纳税所得额}\end{matrix}=\left(\begin{matrix}\text{行权股票的}\\\text{每股市场价}\end{matrix}-\begin{matrix}\text{员工取得该股票期权}\\\text{支付的每股施权价}\end{matrix}\right)\times\begin{matrix}\text{股票}\\\text{数量}\end{matrix}$$

第三，员工将行权后的股票再转让时获得的高于购买日公平市场价的差额，是因个人在证券二级市场上转让股票等有价证券而获得的所得，应按照“财产转让所得”适用的征免规定计算缴纳个人所得税。

第四，员工因拥有股权而参与企业税后利润分配取得的所得，应按照“利息、股息、红利所得”适用的规定计算缴纳个人所得税。

第五，凡取得股票期权的员工在行权日不实际买卖股票，而按行权日股票期权所指定股票的市场价与施权价之间的差额，直接从授权企业取得价差收益的，该项价差收益应作为员工取得的股票期权形式的工资薪金所得，按照规定计算缴纳个人所得税。

第六，关于限制性股票应纳税所得额的确定，按照《个人所得税法》及其实施条例等有关规定，原则上应在限制性股票所有权归属于被激励对象时确认其限制性股票所得的应纳税所得额。即：上市公司实施限制性股票计划时，应以被激励对象限制性股票在中国证券登记结算公司（境外为证券登记托管机构）进行股票登记日期的股票市价（指当日收盘价，下同）和本批次解禁股票当日市价（指当日收盘价，下同）的平均价格乘以本批次解禁股票份数，减去被激励对象本批次解禁股份数所对应的为获取限制性股票实际支付资金数额，其差额为应纳

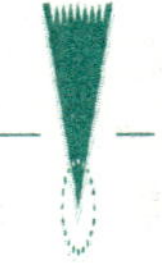

税所得额。被激励对象限制性股票应纳税所得额计算公式为：

应纳税所得额 =（股票登记日股票市价 + 本批次解禁股票当日市价）÷2 × 本批次解禁股票份数 – 被激励对象实际支付的资金总额 ×（本批次解禁股票份数 ÷ 被激励对象获取的限制性股票总份数）

⑨个人将其所得对教育事业和其他公益事业的捐赠部分，捐赠额未超过纳税义务人申报的应纳税所得额30%的部分，可以从其应纳税所得额中扣除。个人将其所得对教育事业和其他公益事业的捐赠，是指个人将其所得通过中国境内的社会团体、国家机关向教育和其他社会公益事业以及遭受严重自然灾害地区、贫困地区的捐赠。

个人通过非营利的社会团体和国家机关向农村义务教育的捐赠，准予在缴纳个人所得税前的所得额中全额扣除。

个人所得（不含偶然所得和经国务院财政部门确定征税的其他所得）用于资助非关联的科研机构和高等学校研究开发新产品、新技术、新工艺所发生的研究开发经费，经主管税务机关确定，可以全额在下月（工资、薪金所得）或下次（按次计征的所得）或当年（按年计征的所得）计征个人所得税时，从应纳税所得额中扣除，不足抵扣的，不得结转抵扣。

⑩纳税义务人从中国境外取得的所得，准予其在应纳税额中扣除已在境外缴纳的个人所得税税额。但扣除额不得超过该纳税义务人境外所得依照《个人所得税法》计算的应纳税额。

税法所说的已在境外缴纳的个人所得税税额是指纳税人从中国境外取得的所得，依照该所得来源国家或者地区的法律应当缴纳并且实际已经缴纳的税额。

税法所说的应纳税额，是指纳税义务人从中国境外取得的所得，区别不同国家或者地区和不同应税项目，依照我国税法规定的费用减除标准和适用税率计算的应纳税额；同一个国家或者地区内不同应税项目，依照我国税法计算的应纳税额之和，为该国家或者地区的扣除限额。

纳税义务人在中国境外的一个国家或者地区实际已经缴纳的个人所得税额，低于依照上述规定计算出的该国家或者地区扣除限额的，应当在中国缴纳差额部分的税款；超过该国家或者地区扣除限额的，其超过部分不得在本纳税年度的应纳税额中扣除，但是可以在以后纳税年度的该国家或者地区扣除限额的余额中补扣，补扣期限最长不得超过5年。

（2）个人所得税应纳税所得额的减免项目：

①下列各项个人所得，免纳个人所得税：

第一，企事业单位按照国家或省（自治区、直辖市）人民政府规定的缴费比例或办法实际缴付的基本养老保险费、基本医疗保险费和失业保险费，免征个人所得税；个人按照国家或省（自治区、直辖市）人民政府规定的缴费比例或办法实际缴付的基本养老保险费、基本医疗保险费和失业保险费，允许在个人应纳税所得额中扣除。

企事业单位和个人超过规定的比例和标准缴付的基本养老保险费、基本医疗保险费和失业保险费，应将超过部分并入个人当期的工资、薪金收入，计征个人所得税。

第二，单位和个人分别在不超过职工本人上一年度月平均工资12%的幅度内，其实际缴存的住房公积金，允许在个人应纳税所得额中扣除。单位和职工个人缴存住房公积金的月平均工资不得超过职工工作地所在市区城市上一年度职工月平均工资的3倍，具体标准按照各地有关规定执行。单位和个人超过上述规定比例和标准缴付的住房公积金，应将超过部分并入个人当期的工资、薪金收入，计征个人所得税。

个人实际领（支）取原提存的基本养老保险金、基本医疗保险金、失业保险金和住房公积金时，免征个人所得税。

第三，省级人民政府、国务院部委和中国人民解放军军以上单位，以及外国组织、国际组织颁发的科学、教育、技术、文化、卫生、体育、环境保护等方面的奖金。

第四，国债和国家发行的金融债券利息。国债利息，是指个人持有中华人民共和国财政部发行的债券而取得的利息；国家发行的金融债券利息，是指个人持有经国务院批准发行的金融债券而取得的利息。

第五，按照国家统一规定发给的补贴、津贴。按照国家统一规定发给的补贴、津贴，是指按照国务院规定发给的政府特殊津贴、院士津贴、资深院士津贴，以及国务院规定免纳个人所得税的其他补贴、津贴。

第六，福利费、抚恤金、救济金；福利费，是指根据国家有关规定，从企业、事业单位、国家机关、社会团体提留的福利费或者工会经费中支付给个人的生活补助费；救济金，是指各级人民政府民政部门支付给个人的生活困难补助费。

第七，保险赔款。

第八，军人的转业费、复员费。

第九，按照国家统一规定发给干部、职工的安家费、退职费、退休工资、离休工资、离休生活补助费。

第十，以下情形的房屋产权无偿赠与，对当事双方不征收个人所得税：

一是房屋产权所有人将房屋产权无偿赠与配偶、父母、子女、祖父母、外祖父母、孙子女、外孙子女、兄弟姐妹；

二是房屋产权所有人将房屋产权无偿赠与对其承担直接抚养或者赡养义务的抚养人或者赡养人；

三是房屋产权所有人死亡，依法取得房屋产权的法定继承人、遗嘱继承人或者受遗赠人。

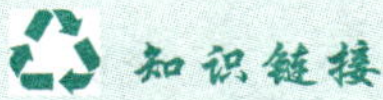

个人无偿受赠房屋

《关于个人无偿受赠房屋有关个人所得税问题的通知》（财税［2009］78号）明确规定了免征个人所得税的三种房屋产权无偿赠与情况，并强调除此以外受赠人因无偿受赠房屋取得的受赠所得，要按20%的税率缴纳个人所得税。

房屋产权无偿赠与的当事双方免征个人所得税的三种情况主要包括：房屋产权所有人将房屋产权无偿赠与配偶、父母、子女、祖父母、外祖父母、孙子女、外孙子女、兄弟姐妹；房屋产权所有人将房屋产权无偿赠与对其承担直接抚养或者赡养义务的抚养人或者赡养人；房屋产权所有人死亡，依法取得房屋产权的法定继承人、遗嘱继承人或者受遗赠人。

除规定的上述三种情形外，房屋产权所有人将房屋产权无偿赠与他人的，受赠人因无偿受赠房屋取得的受赠所得，按照“经国务院财政部门确定征税的其他所得”项目缴纳个人所得税，税率为20%。

对受赠人无偿受赠房屋计征个人所得税时，其应纳税所得额为房地产赠与合同上标明的赠与房屋价值减除赠与过程中受赠人支付的相关税费后的余额。赠与合同标明的房屋价值明显低于市场价格或房地产赠与合同未标明赠与房屋价值的，税务机关可依据受赠房屋的市场评估价格或采取其他合理方式确定受赠人的应纳税所得额。此外，受赠人转让受赠房屋的，以其转让受赠房屋的收入减除原捐赠人取得该房屋的实际购置成本以及赠与和转让过程中受赠人支付的相关税费后的余额，为受赠人的应纳税所得额，依法计征个人所得税。受赠人转让受赠房屋价格明显偏低且无正当理由的，税务机关可以依据该房屋的市场评估价格或其他合理方式确定的价格核定其转让收入。

第十一，依照我国有关法律规定应予免税的各国驻华使馆、领事馆的外交代表、领事官员和其他人员的所得。依照我国法律规定应予免税的各国驻华使馆、领事馆的外交代表、领事官员和其他人员的所得，是指依照《中华人民共和国外交特权与豁免条例》和《中华人民共和国领事特权与豁免条例》规定免税的所得。

第十二，中国政府参加的国际公约、签订的协议中规定免税的所得。

第十三，经国务院财政部门批准免税的所得。

②有下列情形之一的，经批准可以减征个人所得税：

第一，残疾、孤老人员和烈属的所得；

第二，因严重自然灾害造成重大损失的；

第三，其他经国务院财政部门批准减税的。

个人所得税减征的幅度和期限由省、自治区、直辖市人民政府规定。

（3）个人所得税的税率：

①工资、薪金所得（含公务用车补贴收入），适用5%～45%的超额累进税率，税率表如表7－2所示。

表7－2　　工资、薪金所得适用税率表

级数	月含税应纳税所得额	月不含税应税所得额	税率（%）	速算扣除数
1	不超过500元的部分	不超过475元的	5	0
2	超过500元至2 000元的部分	超过475元至1 825元的部分	10	25
3	超过2 000元至5 000元的部分	超过1 825元至4 375元的部分	15	125
4	超过5 000元至20 000元的部分	超过4 375元至16 375元的部分	20	375
5	超过20 000元至40 000元的部分	超过16 375元至31 375元的部分	25	1 375

续表

级数	月含税应纳税所得额	月不含税应税所得额	税率（%）	速算扣除数
6	超过 40 000 元至 60 000 元的部分	超过 31 375 元至 45 375 元的部分	30	3 375
7	超过 60 000 元至 80 000 元的部分	超过 45 375 元至 58 375 元的部分	35	6 375
8	超过 80 000 元至 100 000 元的部分	超过 58 375 元至 70 375 元的部分	40	10 375
9	超过 100 000 元的部分	超过 70 375 元的部分	45	15 375

注：①表中含税级距和不含税级距，均为按照税法规定月收入额减去免征额 2 000 元（如是境外人员和赴境外工作人员，再减去附加减除费用 2 800 元）后的余额。

②含税级距适用于纳税人负担税款的工资、薪金所得；不含税级距适用于有他人（单位）代付税款的工资、薪金所得。

②个体工商户、个人独资企业、合伙企业的生产、经营所得和对企事业单位的承包承租经营所得，适用 5% ~35% 的超额累进税率，税率表如 7 –3 所示。

表 7 –3　个体工商户、个人独资企业、合伙企业的生产、经营所得和对企事业单位的承包承租经营所得适用税率表

级数	全年应纳税所得额	税率（%）	速算扣除数
1	不超过 5 000 元的部分	5	0
2	超过 5 000 元至 10 000 元的部分	10	250
3	超过 10 000 元至 30 000 元的部分	20	1 250
4	超过 30 000 元至 50 000 元的部分	30	4 250
5	超过 50 000 元的部分	35	6 750

注：①表中含税级距为按照税法规定，以每一纳税年度的收入总额，减除成本、费用以及损失后的余额。

②含税级距适用个体工商户、个人独资企业、合伙企业的生产、经营所得和由纳税人负担税款的承包经营、承租经营所得；不对含税级距适用于有他人（单位）代付税款的承包经营、承租经营所得。

③稿酬所得，适用比例税率，税率为 20%，并按应纳税额减征 30%。

④劳务报酬所得，适用比例税率，税率为 20%。对劳务报酬所得一次收入畸高的，可以实行加成征收。劳务报酬所得一次收入畸高，是指个人一次取得劳务报酬，其应纳税所得额超过 2 万元。对应纳税所得

额超过2万元至5万元的部分，依照税法规定计算应纳税额后再按照应纳税额加征五成；超过5万元的部分，加征十成。劳务报酬税率表如表7－4所示。

表7－4　　劳务报酬所得适用税率表

级数	每次应纳税所得额	税率（%）	速算扣除数
1	不超过20 000元的部分	20	0
2	超过20 000元至50 000元的部分	30	2 000
3	超过50 000元的部分	40	7 000

注：①表中的含税级距、不含税级距，均为按照税法规定减除有关费用后的所得额。

②含税级距适用于由纳税人负担税款的劳务报酬所得；不含税级距适用于由他人（单位）代付税款的劳务报酬所得。

⑤特许权使用费所得，利息、股息、红利所得，财产租赁所得，财产转让所得，偶然所得和其他所得，适用比例税率，税率为20%。

其中，储蓄存款利息所得自2008年10月9日起暂免征收个人所得税。即储蓄存款在1999年10月31日前孳生的利息所得，不征收个人所得税；储蓄存款在1999年11月1日至2007年8月14日孳生的利息所得，按照20%的比例税率征收个人所得税；储蓄存款在2007年8月15日至2008年10月8日孳生的利息所得，按照5%的比例税率征收个人所得税；储蓄存款在2008年10月9日后（含10月9日）孳生的利息所得，暂免征收个人所得税。证券市场个人投资者取得的证券交易结算资金利息所得，自2008年10月9日起暂免征收个人所得税，即证券市场个人投资者的证券交易结算资金在2008年10月9日后（含10月9日）孳生的利息所得，暂免征收个人所得税。

(4) 个人所得税的计算：

①工资、薪金所得应纳税额的计算。

计算公式：

$$\text{工资、薪金所得应纳税额的计算} = \text{应纳税所得额} \times \text{适用税率} - \text{速算扣除数}$$

$$= \left(\text{每月收入额} - 2\,000 \text{ 或 } 4\,800\right) \times \text{适用税率} - \text{速算扣除数}$$

工资、薪金所得，是指个人因任职或者受雇而取得的工资、薪金、

奖金、年终加薪、劳动分红、津贴、补贴以及与任职或者受雇有关的其他所得。

关于工资薪金所得范围的其他规定：

第一，个人内退，在没有达到法定退休年龄之前从原任职单位取得的一次性补偿收入和工资薪金收入都应按照规定征税，不能享受正式退休人员工资的免税待遇。个人在办理内部退养手续后从原任职单位取得的一次性收入，应按办理内部退养手续后至法定离退休年龄之间的所属月份进行平均，并与领取当月的“工资、薪金”所得合并后减除当月费用扣除标准，以余额为基数确定适用税率，再将当月工资、薪金加上取得的一次性收入，减去费用扣除标准，按使用税率计征个人所得税。

第二，单位对营销业绩突出的雇员以培训班、研讨会、工作考察等名义组织旅游活动，通过免收差旅费、旅游费对个人实行的营销业绩奖励（包括实物、有价证券等），应当与当期的工资薪金合并，按照“工资、薪金所得”项目征收个人所得税。

第三，个人因公务用车和通信制度改革而取得的公务用车、通信补贴收入，扣除一定标准的公务费用后，按照“工资、薪金”所得项目计征个人所得税。按月发放的，并入当月“工资、薪金”所得计征个人所得税；不按月发放的，分解到所属月份并与该月份“工资、薪金”所得合并后计征个人所得税。

第四，城镇企事业单位及其职工个人按照《失业保险条例》规定的比例，实际缴付的事业保险费，均不计入个人当期工资、薪金收入，免予征收个人所得税；超过《失业保险条例》规定的比例缴付失业保险费的，应将其超过规定比例缴付的部分计入职工个人当期的工资、薪金收入，依法计征个人所得税。

第五，对企业为员工支付各项免税之外的保险金，应在企业向保险公司缴付时并入员工当期的工资收入，按“工资、薪金”所得项目计征个人所得税，税款由企业负责代扣代缴。

第六，单位为职工个人购买商业性补充养老保险等，在办理投保手续时应作为个人所得税的“工资、薪金所得”项目，按税法有关规定缴纳个人所得税；因各种原因退保，个人未取得实际收入的，已缴纳的个人所得税应予以退回。

第七，退休人员再任职取得的收入，在减除按《个人所得税法》

规定的费用扣除标准后，按“工资、薪金所得”应税项目缴纳个人所得税。

第八，住房制度改革期间，按照县以上人民政府规定的房改成本价向职工售房，免征个人所得税。除上述符合规定的情形外，单位按照低于购置或建造成本价格出售住房给职工，职工因此实际支付购房款低于该房屋的购置或建造成本，此项少支出的差价部分，按“工资、薪金所得”项目征税。

②工资薪金所得应纳税额计算中的特殊问题：

第一，对个人取得全年一次性奖金的征税问题。

全年一次性奖金包括内容。全年一次性奖金是指行政机关、企事业单位等扣缴义务人根据其全年经济效益和对雇员全年工作业绩的综合考核情况，向雇员发放的一次性奖金。全年一次性奖金也包括年终一次性奖金、年终加薪、实行年薪制和绩效工资办法的单位根据考核情况兑现的年薪和绩效工资。

对雇员以非上市公司股票期权形式取得的工资薪金所得，因一次收入较多，可比照全年一次性奖金征税办法计算征收个人所得税。

基本计税规则。纳税人取得全年一次性奖金，单独作为一个月工资、薪金所得计算纳税，并按规定计税，由扣缴义务人发放时代扣代缴：

首先，先将雇员当月内取得的全年一次性奖金，除以 12 个月，按其商数确定适用税率和速算扣除数。如果在发放年终一次性奖金的当月，雇员当月工资、薪金所得低于税法规定的费用扣除额，应将全年一次性奖金减除“雇员当月工资、薪金所得与费用扣除额的差额”后的余额，按上述办法确定全年一次性奖金的适用税率和速算扣除数。

然后，将雇员个人当月内取得的全年一次性奖金，按以上确定的适用税率和速算扣除数计算征税，计算公式如下：

如果雇员当月工资薪金所得高于（或等于）税法规定的费用扣除额的，适用公式为：

应纳税额 = 雇员当月取得全年一次性奖金 × 适用税率 - 速算扣除数

如果雇员当月工资薪金所得低于税法规定的费用扣除额的，适用公式为：

应纳税额 =（雇员当月取得全年一次性奖金 - 雇员当月工资、薪

金所得与费用扣除额的差额）×适用税率－速算扣除数

限制性要求。首先，在一个纳税年度内，对每一个纳税人，该计税办法只允许采用一次。

其次，雇员取得除全年一次性奖金以外的其他各种名目奖金，如半年奖、季度奖、加班奖、先进奖、考勤奖等，一律与当月工资、薪金收入合并，按税法规定缴纳个人所得税。

[案例7－2] 中国公民王某的2009年5月份工资1 800元，当月一次性取得上年奖金6 000元，王某全年应缴多少个人所得税？

计算过程：

首先，判断适用税率和速算扣除数：［6 000－（2 000－1 800）］÷12＝483.33（元）；税率5%。

其次，计算税额＝（6 000－2 000＋1 800）×5%＝290（元）。

[案例7－3] 中国公民肖某2009年3月份取得当月工薪收入3 200元和2008年的年终奖金3 600元。肖某3月份应纳多少个人所得税？

计算过程：

当月工薪3 200元扣除生计费（2 000元）后，依规定税率（10%）和速算扣除数（25）计税95元；3 600元一次性奖金除以12算出月平均奖金300元，不扣费用直接对应税率5%，3 600×5%＝180（元），再将两者税额相加。

（3 200－2 000）×10%－25＋3 600×5%＝55＋180＝275（元）

第二，取得不含税全年一次性奖金收入个人所得税的计算方法。

首先，按照不含税的全年一次性奖金收入除以12的商数，查找相应适用税率A和速算扣除数A。

其次，含税的全年一次性奖金收入＝（不含税的全年一次性奖金收入－速算扣除数A）÷（1－适用税率A）。

再次，按含税的全年一次性奖金收入除以12的商数，重新查找适用税率B和速算扣除数B。

最后，应纳税额＝含税的全年一次性奖金收入×适用税率B－速算扣除数B。

如果纳税人取得不含税全年一次性奖金收入的当月的工资、薪金所得，低于税法规定的费用扣除额，应先将不含税全年一次性奖金减去当月工资薪金所得低于税法规定费用扣除额的差额部分后，再按照上述规定处理。

［案例7－4］中国公民李某2009年5月份取得当月工薪收入3 800元和2008年的年终税后奖金8 000元。李某3月份应纳多少个人所得税？

计算过程：

当月工资应纳个人所得税＝（3 800－2 000）×10%－25

＝155（元）

税后年终奖应纳个人所得税：

第一步，8 000/12＝666.67（元），第一次查找税率为10%，速算扣除数25。

第二步，换算成含税一次性奖金（8 000－25）/（1－10%）＝8 861.11（元）

第三步，8 861.11/12＝738.43（元），第二次查找税率为10%，速算扣除数25。

第四步，8 861.11×10%－25＝861.11（元）

当月共应纳个人所得税：155＋861.11＝1 016.11（元）

第三，特定行业职工取得的工资、薪金所得的计税方法。

根据有关税法规定，对采掘业、远洋运输业、远洋捕捞业的职工取得的工资、薪金所得，可按月预缴，年度终了后30日内，合计其全年工资、薪金所得，再按12个月平均并计算实际应纳的税款，多退少补。其公式为：

应纳所得税额＝［（全年工资、薪金收入/12－费用扣除后标准）×税率－速算扣除数］×12

具体的计算公式可以分解为以下步骤：

首先，各月按实际收入计算税额缴纳税款（看作预缴）。

其次，汇总全年收入，并将汇总全年收入除12个月，计算月平均收入。

再次，按月平均收入计算月税额（月平均税额）。

再其次，将月平均税额乘12个月计算全年应纳税额合计数。

最后，将全年应纳税额合计数与各月实际缴纳税额合计数比较，多退少补。

考虑到远洋运输具有跨国流动的特性，对远洋运输船员在统一扣除

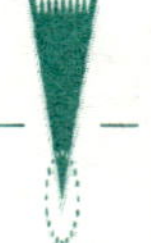

2 000 元费用的基础上，准予再扣除税法规定的附加减除费用标准（目前为 2 800 元），即合计扣除4 800元，且船员集体用餐的不发给个人的伙食费不计入应纳税工资、薪金收入。

[案例 7-5] 张某是某远洋公司船员，其 2009 年全年收入和福利情况如表 7-5（伙食费为集体用餐标准，未发给本人）所示。

表 7-5　　单位：万元

	1 月	2 月	3 月	4 月	5 月	6 月	7 月	8 月	9 月	10 月	11 月	12 月	合计
工薪	1.2	1	0.15	0.15	0.8	1.5	1.5	0.15	1.5	1	0.8	1.2	10.95
伙食	0.16	0.12	0	0	0.9	0.18	0.18	0	0.18	0.12	0.9	0.16	2.9

则其按月预缴个人所得税按照每月工资、薪金数计算，如 1 月预缴（12 000 - 4 800）×20% - 375 = 1 065（元）；2 月预缴（10 000 - 4 800）×20% - 375 = 665（元）；5 月预缴（8 000 - 4 800）×15% - 125 = 355（元）；6 月预缴 =（15 000 - 4 800）×20% - 375 = 1 665（元）……全年预缴税额情况如表 7-6 所示。

表 7-6　　单位：元

	1 月	2 月	3 月	4 月	5 月	6 月	7 月	8 月	9 月	10 月	11 月	12 月	合计
预缴	1 065	665	0	0	355	1 665	1 665	0	1 665	665	355	1 065	9 165

年终汇算：月平均收入 = 109 500/12 = 9 125（元）

年税额 = [（9 125 - 4 800）×15% - 125] ×12 = 523.75 ×12
= 6 285（元）

汇算清缴应退税额 = 9 165 - 6 285 = 2 880（元）

第四，内退从原任职单位取得的一次性收入。个人办理内部退养手续后从原任职单位取得的一次性收入，应按办理内部退养手续后至法定离退休年龄之间的所属月份进行平均，并与领取当月的工资薪金合并后，减除当月费用扣除标准，以余额为基数确定适用税率，再将当月工资、薪金加上取得的一次性收入，减去费用扣除标准，按适用税率计征个人所得税。

[**案例7－6**] 某人月薪2 200元，于2009年3月办理内退手续（比正常退休提前5年），取得一次性收入60 000元。内退后，仍保留其原工资标准2 200元，但不享受今后的涨薪，则其取得一次性收入当月应纳多少个人所得税？

计算过程：

第一步，将一次性收入按至法定离退休年龄之间的所属月份进行平均：60 000/（5年×12个月）＝1 000（元）；

第二步，与当月工资薪金合并找适用税率：1 000（平均结果）＋2 200（当月工资）－2 000（生计费）＝1 200（元）；适用10%的税率，速算扣除数25。

第三步，用当月收入总额扣生计费计算税额：（60 000＋2 200－2 000）×10%－25＝5 995（元）。

第五，解除劳动关系一次性补偿收入。个人因与用人单位解除劳动关系而取得的一次性补偿收入（包括经济补偿金、生活补助费和其他补助费用）其收入在当地上年职工平均工资3倍数额以内的部分，免征个人所得税；超过部分按规定征收个人所得税。个人领取一次性收入时，按政府规定缴纳的住房公积金、医疗保险费、基本养老保险费、失业保险费可予以扣除。

企业按国家有关法律规定宣告破产，企业职工从该破产企业取得的一次性安置费收入免征个人所得税。

[**案例7－7**] 2009年3月，某单位增效减员，与在单位工作了16年的李四解除劳动关系，李四取得一次性补偿收入10万元，当地上年职工平均工资20 000元，则李四该项收入应纳个人所得税1 300元，具体计算过程：

第一步，计算免征额＝2万元×3＝6万元

第二步，按其工作年限平摊其应税收入，即其工作多少年，就将应税收入看作多少个月的工资，但最多不能超过12个月，最后再推回全部应纳税额：

视同月应纳税所得额＝（100 000－60 000）/12年－2 000
＝1 333.33（元）

第三步，应纳税＝（1 333.33×10%－25）×12＝108.33×12
＝1 300（元）

第六，在外商投资企业、外国企业和外国驻华机构工作的中方人员取得的工资、薪金所得的征税问题。纳税人由雇佣单位和派遣单位分别支付工资、薪金的，只能扣除一次生计费用。即由雇佣单位扣除生计费用，派遣单位不能对其重复扣除生计费用；在各支付单位源泉扣税之后，个人还应按月将各处取得的工资、薪金合计汇总计算税款，并选择固定税务机关汇算清缴，多退少补（补的情况居多）。

[案例7-8] 一位中国公民同时在两个单位任职，从派遣单位A每月取得工薪收入1 500元，从合资企业B单位每月取得工薪收入7 400元。该公民每月应申报补税175元。按规定：

A单位每月为其扣税：1 500×10%-25=125（元）

B单位每月为其扣税：（7 400-2 000）×20%-375=705（元）

该公民每月应纳税额=（1 500+7 400-2 000）×20%-375

=1 005（元）

申报补税额=1 005-（125+705）=175（元）

（5）个体工商户的生产、经营所得应纳税额的计算。个体工商户的生产、经营所得适用于五级超额累进税率。

应纳税额=应纳税所得额×适用税率-速算扣除数=（全年收入总额-成本、费用以及损失）×适用税率-速算扣除数

由于个体工商户所得应纳税额采取按年计征、分月预缴、年终汇算清缴的方法，因此，在实际工作中，需要分别计算按月应预缴税额和年终汇算清缴税额。其计算公式为：

本月应预缴税额=本月累计应纳税所得额×适用税率-速算扣除数-上月累计已预缴税额

公式中的适用税率，是指与本月累计应纳税所得额相对应的税率，应按年换算成月的税率表查找确定。

全年应纳税额=全年应纳税所得额×适用税率-速算扣除数

汇算清缴税额=全年应纳税额-全年累计已预缴税额

[案例7-9] 3月份，从事长途贩运的个体工商户高某累计经营收入为64 000元，其中支出运输费用21 000元，工资支出2 500元，损失600元，允许在税前支出的税金1 050元，高某1、2月份已纳所得税款7 250元，问高某3月份应预缴个人所得税多少？

解析：个体工商户的经营所得，以每一纳税年度的收入总额，减除

成本、费用以及损失的余额，为应纳税所得额。

高某在3月应纳税所得额 = 64 000 - （21 000 + 2 500 + 600 + 1 050）
= 64 000 - 25 150 = 38 850（元）

全年应纳税所得额 = 38 850/3 × 12 = 155 400（元）

经查税率表得知适用的税率是35%，速算扣除数为6 750

高某全年应纳税额 = 155 400 × 35% - 6 750 = 47 640（元）

每月的平均应纳所得额算 = 47 640 ÷ 12 = 3 970（元）

前三个月的累计应纳税所得额 = （47 640 ÷ 12） × 3 = 11 910（元）

从题目中得知高某在1、2月份已纳所得税款7 250元，所以高某在3月份应预缴个人所得税额 = 11 910 - 7 250 = 4 660（元）

（6）对企事业单位的承包经营、承租经营所得税额的计算：

对企事业单位的承包经营、承租经营所得，其个人所得税应纳税额的计算公式为：

应纳税额 = 应纳税所得额 × 适用税率 - 速算扣除数
= （纳税年度收入总额 - 必要费用） × 适用税率 - 速算扣除数

这里需要说明的是：

①对企事业单位的承包经营、承租经营所得，以每一纳税年度的收入总额，减除必要费用后的余额，为应纳税所得额。每一纳税年度的收入总额，是指纳税人按照承包经营、承租经营合同的规定分得的经营利润和工资、薪金性质的所得之和；必要费用的减除为每月2 000元。

②承包、承租人对企业经营成果不拥有所有权，仅是按合同（协议）规定取得一定所得的，其所得按工资、薪金所得项目适用九级超额累进税率征税。

③承包、承租人按合同（协议）的规定只向发包、出租方缴纳一定费用，企业经营成果归其所有的，按五级超额累进税率征税。

[案例7-10] 2010年4月1日起，张某承包一招待所，规定每月取得工资2 500元，每季度取得奖金1 500元，年终从企业所得税后利润中上交承包费50 000元，其余经营成果归张某所有。2010年该招待所税后利润为95 000元，当年张某共缴纳多少个人所得税？

答：纳税年度收入总额 = 2 500 × 9 + 1 500 × 3 + （95 000 - 50 000）

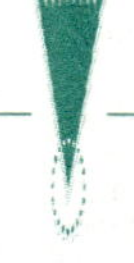

=72 000（元）

年应纳税所得额 =72 000 -2 000 ×9 =54 000（元）

应纳个人所得税 =54 000 ×35% -6 750 =12 150（元）

（7）个人股票期权个人所得税的计算。实施股票期权计划的企业授予该企业员工的股票期权所得，应按《个人所得税法》及其实施条例有关规定征收个人所得税。

企业员工股票期权（以下简称股票期权）是指上市公司按照规定的程序授予本公司及其控股企业员工的一项权利，该权利允许被授权员工在未来时间内以某一特定价格购买本公司一定数量的股票。

股权激励计划的涉税情况图示如下：

第一种情况，如果取得非公开交易的期权。主要涉税情况图 7 -1 所示。

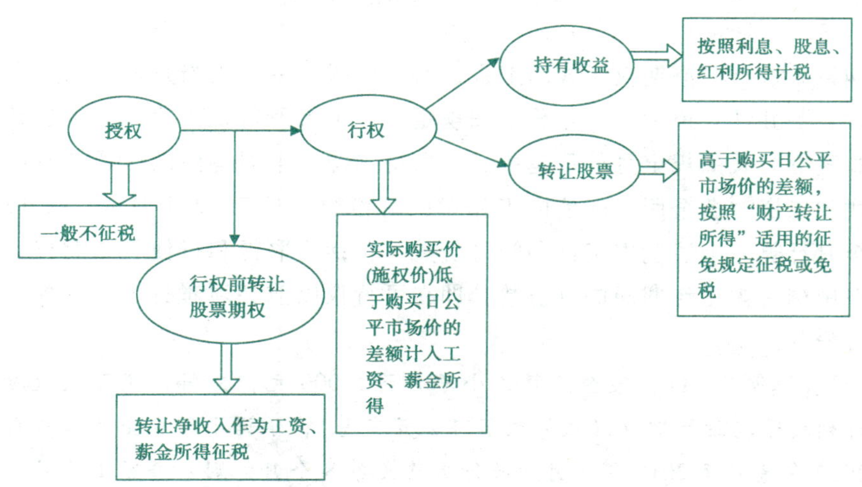

图 7 -1　非公开交易期权涉税情况

第二种情况，如果取得公开交易期权，主要涉税情况如图 7 -2 所示。

需要说明的是：第一，对于公司雇员取得不可公开交易的股票期权与可公开交易的股票期权的计税规定不同。第二，取得股票期权形式的工资、薪金所得可与当月取得的工资收入分别缴税。也就是说，

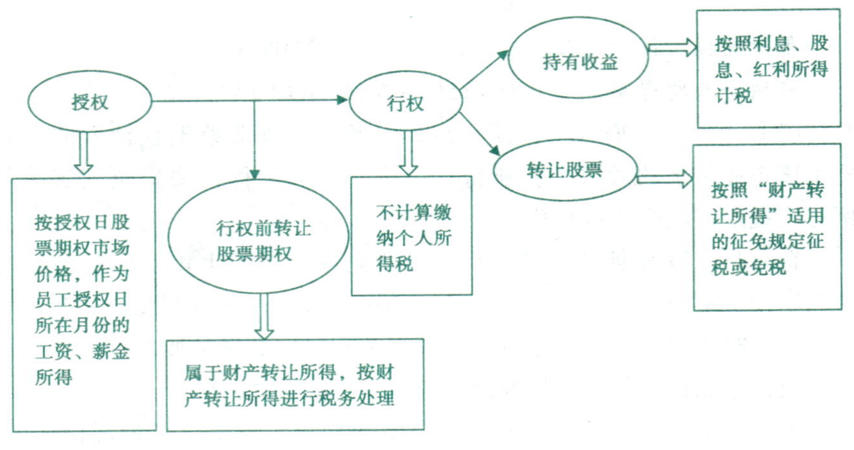

图 7－2　公开交易期权涉税情况

纳税人取得股票期权形式的工资、薪金所得不用并入当月取得的工资收入一并计算税款，而是分别按规定计算个人所得税。第三，单独计算税额公式的规定月份数是指员工取得来源于中国境内的股票期权形式的工资、薪金所得的境内工作期间月份数，长于 12 个月的，按 12 个月计算。上述境内工作期间月份数，包括为取得和行使股票期权而在中国境内工作期间的月份数。即在可行权以前必须履行工作义务的月份数。

［案例 7－11］ 某企业员工小李月薪 5 000 元，公司按照股权激励计划授予其股票期权（该期权不可公开交易），承诺小李在企业工作自 2009 年 8 月至 2010 年 3 月须履行工作义务 8 个月，则以每股 1 元的面值购买该企业股票 20 000 股。2009 年 8 月小李得到期权时不对此行为纳税；2010 年 3 月小李行权时，该股票市价每股 2.5 元，小李月薪和行权所得都各自按照工资、薪金所得纳税：

小李 5 000 元月薪应纳税：(5 000－2 000)×15%－125＝325(元)

小李股票行权所得应纳税：

应纳税所得额＝20 000×（2.5－1）＝30 000（元）

应单独计算税额＝（30 000/8×15%－125）×8＝3 500（元）

小李当月共缴纳个人所得税＝325＋3 500＝3 825（元）

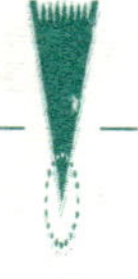

7.2.2 关于个人所得税的特殊规定

（1）有关中国境内无住所的个人取得工资、薪金所得规定：

①关于工资、薪金所得来源地的确定。属于来源于中国境内的工资、薪金所得应为个人实际在中国境内工作期间取得的工作薪金。即个人实际在中国境内工作期间取得的工资、薪金，不论是由中国境内还是境外企业或个人雇主支付，均属于来源于中国境内的所得；个人实际在中国境外工作期间取得的工资、薪金，不论是由中国境内还是境外企业或个人雇主支付，均属于来源于中国境外的所得。

②在中国境内无住所而在一个纳税年度中在中国境内连续或累计工作不超过 90 日或在税收协定规定的期间中在中国境内连续或累计居住不超过 183 日的个人，由中国境外雇主支付并且不是由该雇主的中国境内机构负担的工资、薪金，免予缴纳个人所得税。仅就其实际在中国境内工作期间由中国境内企业或个人支付或者由中国境内机构负担的工资、薪金所得申报纳税。在计税时应适用下述公式：

应纳税额 =（当月境内外工资、薪金应纳税所得额 × 适用税率 − 速算扣除数）×（当月境内支付工资 ÷ 当月境内外支付工资总额）×（当月境内工作天数 ÷ 当月天数）

③在中国境内无住所而在一个纳税年度中在中国境内连续或累计工作超过 90 日或在税收协定规定的期间中在中国境内连续或累计居住超过 183 日但不满 1 年的个人，其实际在中国境内工作期间取得的由中国境内企业或个人雇主支付和由境外企业或个人雇主支付的工资薪金所得，均应申报缴纳个人所得税；其在中国境外工作期间取得的工资、薪金所得，除中国境内企业或高层管理人员，不予征收个人所得税。在计税时应适用下述公式：

应纳税额 =（当月境内外工资、薪金应纳税所得额 × 适用税率 − 速算扣除数）×（当月境内工作天数 ÷ 当月天数）

④在中国境内无住所但在境内居住满 1 年而不超过 5 年的个人，其来源于中国境外的所得，经主管税务机关批准，可以只就由中国境内公司、企业以及其他经济组织或者个人雇主支付的部分缴纳个人所得税。在计税时应适用下述公式：

应纳税额 =（当月境内外工资、薪金应纳税所得额 × 适用税率 −

速算扣除数）×［1－（当月境外支付工资÷当月境内外支付工资总额）×（当月境外工作天数÷当月天数）］

归纳与说明：

第一，在中国境内无住所的个人，我国对其实施税收管辖权的范围，随着其居住时间的增长而扩大。从不足90天（协定期间183天），到1年，再到5年，随时间段的增长，应税所得来源的范围不断扩大。具体规则如表7－7所示。

表7－7　　应税所得来源及是否征税一览表

居住时间	纳税人性质	来自境内的工薪所得		来自境外的工薪所得	
		境内支付或境内负担	境外支付	境内支付	境外支付
不超过90天（协定183天）	非居民纳税人	在我国纳税	实施免税	不在我国纳税	不在我国纳税
超过90天（协定183天）不超过1年		在我国纳税	在我国纳税	不在我国纳税	不在我国纳税
超过1年不超过5年	居民纳税人	在我国纳税	在我国纳税	在我国纳税	实施免税
5年以上		在我国纳税	在我国纳税	在我国纳税	在我国纳税

第二，担任中国境内企业董事或高层管理职务的个人（注：指公司正、副（总）经理、各职能技师、总监及其他类似公司管理层的职务），其取得的由该中国境内企业支付的董事费或工资、薪金，不适用于上述规定，而应自其担任该中国境内企业董事或高层管理职务起，至其解除上述职务止的期间，不分其实际居住在境内或境外，均在我国申报纳税。境外支付的所得，按上述规定的时间衡量是否在我国纳税。

第三，个人在中国境内居住满5年以后，从第六年起的纳税年度中，凡在境内居住满1年的，应当就其来源于中国境内、境外的所得申报纳税；凡在境内居住不满1年的，则仅就该年内来源于境内的所得申报纳税。如该个人在第六年起以后的某一纳税年度内在境内居住不足90天，其来源与中国境内的所得，由境外雇主支付并且不由该雇主在中国境内的机构、场所负担的部分，免予缴纳个人所得税，并从再次居

住满1年的年度起重新计算5年期限。

第四，上述个人凡工作不满1个月的，应进行推算，步骤如下：

首先，按日工资和实际工作天数推算成月工资；

其次，按月工资计算全月税款水平；

最后，将全月税款水平按其实际工作天数折算实际天数应纳的税款。

（2）个人所得税计算中“每次”的确定。劳务报酬所得，稿酬所得，特许权使用费所得，财产租赁所得，财产转让所得，利息、股息、红利所得，偶然所得和其他所得，以每次收入额为应纳税所得额。“每次”按照以下方法确定：

①劳务报酬所得，属于一次性收入的，以取得该项收入为一次；属于同一项目连续性收入的，以1个月内取得的收入为一次。

②稿酬所得，以每次出版、发表取得的收入为一次。具体又可以细分为：

第一，同一作品再版取得的所得，应视作另一次稿酬所得计征个人所得税。

第二，同一作品先在报刊上连载，然后再出版，或先出版，再在报刊上连载的，应视为两次稿酬所得征税。

第三，同一作品在报刊上连载取得收入的，以连载完成后取得的所有收入合并为一次，计征个人所得税。

第四，同一作品在出版和发表时，以预防稿酬或分次支付稿酬等形式取得的稿酬收入，应合并计算为一次。

第五，同一作品出版、发表后，因添加印数而追加稿酬的，应与以前出版、发表时取得的稿酬合并计算为一次，计征个人所得税。

③特许权使用费所得，以一项特许权的一次许可使用所取得的收入为一次。

④财产租赁所得，以一个月内取得的收入为一次。

⑤利息、股息、红利所得，以支付利息、股息、红利时取得的收入为一次。

⑥偶然所得，以每次取得该项收入为一次。

⑦财产转让所得，按照一次转让财产的收入额减除财产原值和合理费用后的余额计算纳税。

（3）多种收入来源个人所得税的计算：

[案例分析]

公民李某提供了下列纳税资料，确认3月份取得以下几笔收入：

（1）李某为一企业的董事会成员，本月实际取得工资收入2 328元（已扣除按国家规定比例提取上缴的住房公积金72元），独生子女补贴100元，年终奖金3 000元，又取得董事费收入2 000元。

（2）因投保财产遭受损失，取得保险赔款5 000元；另外，本月还取得国库券利息收入200元，集资利息1 800元。

（3）李某共有2套住房，本月将另一城市的1套住房出售，取得转让收入150 000元，该房屋原值80 000元，卖房时支付有关税费8 500元，广告费1 500元。

（4）李某因在国外某公司投资，本月取得该国净股息所得3 000美元（折合人民币24 600元），已被扣缴所得税700美元（折合人民币5 637.50元）。

（5）李某与他人共同编写一本30万字的著作《现代企业管理》，取得稿酬20 000元，每人各分得10 000元。

（6）本月接受邀请给一个单位讲学2次，第一次取得报酬20 000元，第二次取得报酬15 000元。

解析：（1）李某本月取得的独生子女补贴免征个人所得税；住房公积金应在工资、薪金收入中扣除，由于当月工资、薪金收入超过800元，因此，对年终奖金直接作为应纳税所得额征税。

工资收入应纳税额 =（2 328 − 2 000）×5% = 16.40（元）

年终奖金应纳税额 = 3 000 × 15% − 125 = 325（元）

个人由于担任董事职务所取得的董事费收入，应按劳务报酬所得项目征税。

董事费收入应纳税额 =（2 000 − 800）×20% = 240（元）

（2）国库券利息收入及保险赔款收入免征个人所得税。

（3）利息收入应纳个人所得税 = 1 800 × 20% = 360（元）

应纳税所得额 = 150 000 − 80 000 − 8 500 − 1 500 = 60 000（元）

应纳个人所得税额 = 60 000 × 20% = 12 000（元）

（4）来自该国所得的抵免限额 =（24 600 + 5 637.50）×20%

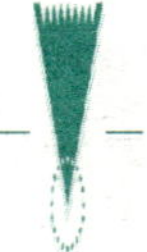

=6 047.50（元）

由于李某在该国已被扣缴的所得税额不超过抵免限额，故来自该国所得的允许抵免额为 5 637.50 元。应纳税额 =6 047.50 −5 637.50 =410（元）

（5）两人或两人以上的个人共同取得同一项目收入的，按照“先分、后扣、再税”的办法计征个人所得税。

李某应纳所得税 =10 000 ×（1 −20%）×20% ×（1 −30%）

=1 120（元）

（6）李某本月给同一单位讲学，属于同一连续性收入，以一月内取得的收入为一次。

应纳税所得额 =（20 000 +15 000）×（1 −20%）=28 000（元）

对个人一次取得劳务报酬，其应纳税所得额超过 20 000 元的，实行加成征收的办法。

应纳个人所得税额 =28 000 ×30% −2 000 =6 400（元）

综上，李某应纳个人所得税额 =16.40 +325 +240 +360 +12 000 +410 +1 120 +6 400 =20 871.40（元）

对于两个或者两个以上的个人共同取得同一项目收入的，应当对每个人取得的收入分别按照税法规定减除费用后计算纳税。

（4）个人独资、合伙企业的个人投资者所得税计算。个人独资、合伙企业的个人投资者以企业资金为本人、家庭成员支付与企业生产经营无关的消费性支出及购买汽车、住房等财产性支出，视同企业对个人投资者的利润分配，需要并入投资者个人的生产经营所得，依照“个体工商户的生产经营所得”项目计征个人所得税。

[案例 7 −12] 税务人员在对某个人独资企业以往年度的纳税情况进行纳税评估时发现，该个人独资企业 2010 年 1 月份和 5 月份分别购买了手表一块、液晶电视两台，合计金额 50 000 元，发票入管理费用科目，固定资产无记录。经过核实，该企业法定代表人在购买新住宅装修时，上述费用用于个人家庭消费。该个人独资企业 2010 年已经申报应税所得 10 000 元。根据税法的规定，该户是个人独资性质的企业，上述为自己家庭装修所花费的 50 000 元，应当视同个人投资者已经得到的利润分配收入，所以要按照“个体工商户生产经营所得”计征其个人所得税。因此，税务机关按照规定调增其应纳税所得额 50 000 元，补缴纳个人所得税 14 000 元，并处以 50% 的罚款 7 000 元。

（5）股票期权应纳税款的计算：

①认购股票所得（行权所得）的税款计算。员工因参加股票期权计划而从中国境内取得的所得，按本通知规定应按工资、薪金所得计算纳税的，对该股票期权形式的工资、薪金所得可区别于所在月份的其他工资、薪金所得，单独按下列公式计算当月应纳税款：

$$\text{应纳税额}=\left(\frac{\text{股票期权形式的工资、薪金应纳税所得额}}{\text{规定月份数}}\times\text{适用税率}-\text{速算扣除数}\right)\times\text{规定月份数}$$

公式中的规定月份数，是指员工取得来源于中国境内的股票期权形式工资、薪金所得的境内工作期间月份数，长于12个月的，按12个月计算；公式中的适用税率和速算扣除数，以及股票期权形式的工资、薪金应纳税所得额除以规定月份数后的商数，对照税率表确定。

②转让股票（销售）取得所得的税款计算。对于员工转让股票等有价证券取得的所得，应按现行税法和政策规定征免个人所得税。即：个人将行权后的境内上市公司股票再转让而取得的所得，暂不征收个人所得税；个人转让境外上市公司的股票而取得的所得，应按税法的规定计算应纳税所得额和应纳税额，依法缴纳税款。

③参与税后利润分配取得所得的税款计算。员工因拥有股权参与税后利润分配而取得的股息、红利所得，除依照有关规定可以免税或减税的外，应全额按规定税率计算纳税。

④在确定员工取得股票期权所得的来源地时，需划分境内、外工作期间月份数。该境内、外工作期间月份总数是指员工按企业股票期权计划的规定，在可行权以前须履行工作义务的月份总数。

⑤员工以在一个公历月份中取得的股票期权形式工资、薪金所得为一次。员工在一个纳税年度中多次取得股票期权形式工资、薪金所得的，其在该纳税年度内首次取得股票期权形式的工资薪金所得应按公式A计算应纳税款；本年度内以后每次取得股票期权形式的工资、薪金所得，应按以下公式计算应纳税款：

$$\text{应纳税额}=\left(\frac{\text{本纳税年度内取得的股票期权形式工资薪金所得累计应纳税所得额}}{\text{规定月份数}}\times\text{适用税率}-\text{速算扣除数}\right)\times\text{规定月份数}-\text{本纳税年度内股票期权形式的工资薪金所得累计已纳税款}$$

公式中，本纳税年度内取得的股票期权形式工资、薪金所得累计应纳税所得额，包括本次及本次以前各次取得的股票期权形式工资、薪金所得应纳税所得额；本纳税年度内股票期权形式的工资、薪金所得累计已纳税款，不含本次股票期权形式的工资薪金所得应纳税款。

⑥员工多次取得或者一次取得多项来源于中国境内的股票期权形式工资、薪金所得，而且各次或各项股票期权形式工资、薪金所得的境内工作期间月份数不相同的，以境内工作期间月份数的加权平均数为规定月份数，但最长不超过12个月，计算公式如下：

$$\text{规定月份数}=\frac{\sum\begin{matrix}\text{各次或各项股票期权形式工资、薪金应纳税所得额}\\\text{与该次或该项所得境内工作期间月份数的乘积}\end{matrix}}{\sum\text{各次或各项股票期权形式工资、薪金应纳税所得额}}$$

（6）保险营销员佣金收入个人所得税的计算。保险营销员是指为保险公司销售保险产品及提供相关服务，并收取手续费或者佣金的个人。保险营销员的佣金由展业成本和劳务报酬构成。保险营销员分为两大类，一类是保险公司的正式雇员，另一类是非雇员。对雇员取得的收入，按照“工资、薪金所得”项目征收个人所得税；对非雇员取得的收入，按规定征收营业税，并按“劳务报酬所得”项目征收个人所得税。按照税法规定，保险营销员应将佣金收入的40%作为展业成本，不征收个人所得税。

保险营销收入的个人所得税计算规定是针对保险推销代理人个人的，而不考虑非营销员所在的个体户店或中心或是否为下岗职工。非雇员的残疾人从事保险营销取得的营销收入，享受残疾人的个人所得税优惠，即可由当地税务机关审批予以一定比例及一定期限的减免税。

①正式雇员。由保险公司支付给该员工的佣金分成收入属于工资收入的组成部分，扣除展业成本后并入当月个人工资、薪金所得中计算缴纳个人所得税。

$$\begin{matrix}\text{应纳}\\\text{税额}\end{matrix}=\left(\begin{matrix}\text{基本工资}\\\text{性收入}\end{matrix}+\begin{matrix}\text{扣除展业成本后}\\\text{的佣金分成收入}\end{matrix}-2\ 000\right)\times\begin{matrix}\text{适用}\\\text{税率}\end{matrix}-\begin{matrix}\text{速算}\\\text{扣除数}\end{matrix}$$

[案例7－13] 某保险公司职工李某，每月工资、福利、奖金等工资性收入3 400元，同时兼营保险营销业务，某月争取一名投保者，缴纳保费5 000元，提成15%，即750元（不考虑营业税等税费）。该月

扣缴养老保险金等共计 700 元，其个人所得税计算如下：

个人所得税计税依据 = 3 400 + （750 − 750 × 40%） − 2 000 − 700

= 1 150（元）

代扣个人所得税 = 1 150 × 10% − 25 = 90（元）

②非雇员。非雇员取得的营销收入，按照劳务报酬所得应税项目计算缴纳个人所得税。计算应纳税所得额时，从保险营销员的佣金收入中先减除占 40% 比例的展业成本，剩余部分为劳务报酬收入对劳务报酬计税时，可扣除营业税金及附加、法定扣除费用，其中法定扣除费用是根据总收入减去展业成本和营业税费后的余额，再确定是按 800 元还是 20% 扣除，然后再减去基本养老保险费等。计算公式如下：

$$\text{应纳税额}=\left(\text{营销收入额}-\text{展业成本}-\text{营业税金及附加}-\text{法定扣除费用}-\text{四项费金}\right)\times\text{适用税率}-\text{速算扣除数}$$

非雇员保险营销员取得佣金收入，应该按月计算营业税和个人所得税。如果营销员当月佣金收入小于 800 元，未达到营业税起征点，不缴纳营业税。

［案例 7－14］ 某人受雇于某公司，月工资 4 700 元，2010 年 5 月，公司发给其上年度奖金 12 000 元。公司当月应代扣代缴其个人所得税计算如下：

当月工资收入应纳所得税 = （4 700 − 2 000） × 15% − 125

= 280（元）

当月奖金收入应纳所得税的计算：

首先，判断其年度奖金的个人所得税适用税率：12 000 ÷ 12 = 1 000（元），月奖金 1 000 元为应税所得额（不得再扣除免征额），其适用税率为 10%，速算扣除数为 25 元。

然后，计算其年度奖金收入应交所得税：

12 000 × 10% − 25 = 1 175（元）

该职工当月应纳个人所得税合计 = 280 + 1 175 = 1 455（元）

（7）境外所得的税额扣除。税法规定，纳税义务人从中国境外取得的所得，准予其在应纳税额中扣除已在境外缴纳的个人所得税税额。但扣除额不得超过该纳税义务人境外所得依照我国税法规定计算的应纳税额。

这里避免国际间重复征税的原理与企业所得税相同，但计算境外税款扣除限额的方法采用的是分国分项计算、分国加总的方法，不同于企业所得税的分国不分项的计算。

[案例7-15] 某纳税人在2010纳税年度，从A、B两国取得应税收入。其中：在A国一公司任职，取得工资、薪金收入69 600元（平均每月5 800元），因提供一项专利技术使用权，一次取得特许权使用费收入30 000元，该两项收入在A国缴纳个人所得税5 200元；因在B国出版著作，获得稿酬收入（版税）15 000元，并在B国缴纳该项收入的个人所得税1 720元。

解析：

（1）A国所纳个人所得税的抵减。按照我国税法规定的费用减除标准和税率，计算该纳税义务人从A国取得的应税所得应纳税额，该应纳税额即为抵减限额。

①工资、薪金所得。该纳税义务人从A国取得的工资、薪金收入，应每月减除费用4 800元，其余额按九级超额累进税率表的适用税率计算应纳税额。

每月应纳税额为：

（5 800－4 800）×10%（税率）－25（速算扣除数）=75（元）

全年应纳税额为：75×12（月份数）=900（元）

②特许权使用费所得。该纳税义务人从A国取得的特许权使用费收入，应减除20%的费用，其余额按20%的比例税率计算应纳税额，应为：

应纳税额：30 000×（1－20%）×20%（税率）=4 800（元）

根据计算结果，该纳税义务人从A国取得应税所得在A国缴纳的个人所得税额的抵减限额为5 700（900+4 800）元。其在A国实际缴纳个人所得税5 200元，低于抵减限额，可以全额抵扣，并需在中国补缴差额部分的税款，计500（5 700－5 200）元。

（2）B国所纳个人所得税的抵减。按照我国税法的规定，该纳税义务人从B国取得的稿酬收入，应减除20%的费用，就其余额按20%的税率计算应纳税额并减征30%。计算结果为：

[15 000×（1－20%）×20%（税率）]×（1－30%）=1 680（元）

即其抵扣限额为1 680元。该纳税义务人的稿酬所得在B国实际缴纳个人所得税1 720元，超出抵减限额40元，不能在本年度扣除，但

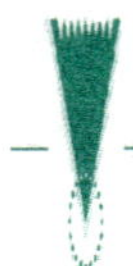

可在以后5个纳税年度的该国减除限额的余额中补减。

综合上述计算结果，该纳税义务人在本纳税年度中的境外所得，应在中国补缴个人所得税500元。其在B国缴纳的个人所得税未抵减完的40元，可在我国税法规定的前提条件下进行补减。

为了保证正确计算扣除限额及合理扣除境外已纳税额，税法要求：在中国境内有住所，或者无住所而在境内居住满1年的个人，从中国境内和境外取得的所得，应当分别计算应纳税额。

7.2.3 纳税申报

（1）自行申报纳税。自行申报纳税，是由纳税人自行在税法规定的纳税期限内向税务机关申报取得的应税所得项目和数额，如实填写个人所得税纳税申报表，并按照税法规定计算应纳税额，据此缴纳个人所得税的一种方法。

①自行申报纳税的纳税义务人。纳税义务人有下列情形之一的，应当按照规定到主管税务机关办理纳税申报：

第一，年所得12万元以上的。年所得12万元以上，是指纳税人在一个纳税年度11项应税所得的合计数额达到12万元。

第二，从中国境内两处或者两处以上取得工资、薪金所得的。

第三，从中国境外取得所得的。

第四，取得应纳税所得，没有扣缴义务人的。

第五，国务院规定的其他情形。

②自行申报纳税的纳税期限。

第一，年所得12万元以上的纳税人，在纳税年度终了后3个月内向主管税务机关办理纳税申报。

第二，个体工商户和个人独资、合伙企业投资者取得的生产、经营所得应纳的税款，分月预缴的，纳税人在每月终了后7日内办理纳税申报；分季预缴的，纳税人在每个季度终了后7日内办理纳税申报。纳税年度终了后，纳税人在3个月内进行汇算清缴。

第三，纳税人年终一次性取得对企事业单位的承包经营、承租经营所得的，自取得所得之日起30日内办理纳税申报；在1个纳税年度内分次取得承包经营、承租经营所得的，在每次取得所得后的次月7日内申报预缴，纳税年度终了后3个月内汇算清缴。

第四，从中国境外取得所得的纳税人，在纳税年度终了后 30 日内向中国境内主管税务机关办理纳税申报。

第五，除以上情形外，纳税人取得其他各项所得须申报纳税的，在取得所得的次月 7 日内向主管税务机关办理纳税申报。

③自行申报纳税的申报方式。纳税人可以采取数据电文、邮寄等方式申报，也可以直接到主管税务机关申报，或者采取符合主管税务机关规定的其他方式申报。

④自行申报纳税的申报地点。

第一，在中国境内有任职、受雇单位的，向任职、受雇单位所在地主管税务机关申报。

第二，在中国境内有两处或者两处以上任职、受雇单位的，选择并固定向其中一处单位所在地主管税务机关申报。

第三，在中国境内无任职、受雇单位，年所得项目中有个体工商户的生产、经营所得或者对企事业单位的承包经营、承租经营所得（以下统称生产、经营所得）的，向其中一处实际经营所在地主管税务机关申报。

第四，在中国境内无任职、受雇单位，年所得项目中无生产、经营所得的，向户籍所在地主管税务机关申报。在中国境内有户籍，但户籍所在地与中国境内经常居住地不一致的，选择并固定向其中一地主管税务机关申报。在中国境内没有户籍的，向中国境内经常居住地主管税务机关申报。

第五，其他所得的纳税人，纳税申报地点分别为：

个人独资、合伙企业投资者兴办两个或两个以上企业的，区分不同情形确定纳税申报地点：兴办的企业全部是个人独资性质的，分别向各企业的实际经营管理所在地主管税务机关申报；兴办的企业中含有合伙性质的，向经常居住地主管税务机关申报；兴办的企业中含有合伙性质，个人投资者经常居住地与其兴办企业的经营管理所在地不一致的，选择并固定向其参与兴办的某一合伙企业的经营管理所在地主管税务机关申报；除以上情形外，纳税人应当向取得所得所在地主管税务机关申报。

[案例 7-16] 李某 2010 年 6 月初从所在单位取得工资 3 800 元，6 月末从所在单位取得奖金 500 元，从另一兼职单位取得工资报酬 1 000

元。经检查发现，李某对于月初取得的工资3 800元和月末从同一单位取得的奖金500元，合并申报缴纳了个人所得税：

(3 800 + 500 - 2 000) ×15% - 125 = 220（元）

李某对于从另一单位取得的兼职工资1 000元，以未达到2 000元免征额为由，没有进行申报纳税。

解析：根据税法的规定，纳税人1个月内从两个或两个以上的单位或个人处取得的工资、薪金性质的所得，应合并计算缴纳个人所得税，不得分别减除费用。由此，李某本月实际应缴纳的个人所得税额为：

工资、薪金收入总额 = 3 800 + 500 + 1 000 = 5 300（元）

应纳税所得额 = 5 300 - 2 000 = 3 300（元）

应纳税额 = 3 300 ×15% - 125 = 370（元）

李某少纳个人所得税150元。

李某应该在取得所得的次月7日内（7月7日前）向主管税务机关办理自行纳税申报手续，并补缴税款150元。

（2）代扣代缴。代扣代缴，是指按照税法规定负有扣缴税款义务的单位或者个人，在向个人支付应纳税所得时，应计算应纳税额，从其所得中扣除并缴入国库，同时向税务机关报送扣缴个人所得税报告表。

①扣缴义务人的确定。税法规定，个人所得税以取得应税所得的个人为纳税人；以支付所得的单位和个人为扣缴义务人，具体包括企业、事业单位、机关、社团组织、军队、驻华机构、个体工商户等。

②扣缴义务人的法定义务和法律责任。扣缴义务人在向个人支付应纳税所得时，不论纳税人是否属于本单位人员，均应代扣代缴其缴纳的个人所得税税款。扣缴义务人依法履行代扣代缴税款义务，纳税人不得拒绝。如果纳税人拒绝履行纳税义务，扣缴义务人应当及时报告税务机关处理，并暂停支付其应纳税所得。否则，纳税人应缴纳的税款由扣缴义务人补缴。同时，扣缴义务人还要就应扣未扣、应收未收的税款缴纳滞纳金或罚款。

扣缴义务人在扣缴税款时，必须向纳税人开具税务机关统一印制的代扣代收税款凭证，并详细注明纳税人姓名、工作单位、家庭住址和身份证或护照号码（无上述证件的，可用其他能有效证明身份的证件）

等个人情况。

扣缴义务人应设立代扣代缴税款账簿，正确反映个人所得税的扣缴情况，并如实填写《扣缴个人所得税报告表》及其他有关资料。扣缴义务人的法人代表或单位主要负责人、财会部门的负责人及具体办理代扣代缴税款的有关人员共同对依法履行代扣代缴义务负法律责任。

税务机关应根据扣缴义务人所扣缴的税款，给予2%的手续费，由扣缴义务人用于代扣代缴费用开支和奖励代扣代缴工作做得较好的办税人员。

③代扣代缴期限。扣缴义务人每月所扣的税款，应当在次月7日内缴入国库，并向主管税务机关报送《扣缴个人所得税报告表》（见表7-8)、代扣代缴税款凭证和包括每一纳税人姓名、单位、职务、收入、税款等内容的支付个人收入明细表以及主要税务机关要求报送的其他有关资料。

扣缴义务人违反上述规定不报送或者报送虚假纳税资料的，一经查实，其未在支付个人收入明细表中反映的向个人支付的款项，在计算扣缴义务人应纳税所得额时不得作为成本费用扣除。

扣缴义务人因有特殊困难不能按期报送《扣缴个人所得税报告表》及其他有关资料的，经县级税务机关批准，可以延期申报。

表 7－8　　　　扣缴个人所得税报告表

填表日期：　　　　　　　　年　月　日　　　　　　　　金额单位：人民币元

纳税人识别号□□□□□□□□□□□□□□□□□□□□

根据《中华人民共和国个人所得税法》第九条的规定制定本表，扣缴义务人应将本月扣缴的税款在次月 7 日内缴入国库，并向当地税务机关报送本表。

<table>
<tr><td colspan="2">扣缴义务人名称</td><td colspan="5"></td><td colspan="2">地址</td><td colspan="5"></td><td colspan="2">电话</td><td colspan="2"></td></tr>
<tr><td rowspan="3">扣缴义务人姓名</td><td rowspan="3">纳税人识别号</td><td rowspan="3">工作单位及地址</td><td rowspan="3">所得项目</td><td rowspan="3">所得期间</td><td colspan="6">收入额</td><td rowspan="3">减费用额</td><td rowspan="3">应纳税所得额</td><td rowspan="3">税率</td><td rowspan="3">速算扣除数</td><td rowspan="3">扣缴所得税额</td><td rowspan="3">完税证号</td><td rowspan="3">纳税期限</td></tr>
<tr><td rowspan="2">人民币</td><td colspan="4">外币</td><td rowspan="2">人民币合计</td></tr>
<tr><td>货币名称</td><td>金额</td><td>外汇牌价</td><td>折合人民币</td></tr>
<tr><td></td><td></td><td></td><td></td><td></td><td></td><td></td><td></td><td></td><td></td><td></td><td></td><td></td><td></td><td></td><td></td><td></td><td></td></tr>
<tr><td></td><td></td><td></td><td></td><td></td><td></td><td></td><td></td><td></td><td></td><td></td><td></td><td></td><td></td><td></td><td></td><td></td><td></td></tr>
<tr><td></td><td></td><td></td><td></td><td></td><td></td><td></td><td></td><td></td><td></td><td></td><td></td><td></td><td></td><td></td><td></td><td></td><td></td></tr>
<tr><td></td><td></td><td></td><td></td><td></td><td></td><td></td><td></td><td></td><td></td><td></td><td></td><td></td><td></td><td></td><td></td><td></td><td></td></tr>
<tr><td></td><td></td><td></td><td></td><td></td><td></td><td></td><td></td><td></td><td></td><td></td><td></td><td></td><td></td><td></td><td></td><td></td><td></td></tr>
<tr><td></td><td></td><td></td><td></td><td></td><td></td><td></td><td></td><td></td><td></td><td></td><td></td><td></td><td></td><td></td><td></td><td></td><td></td></tr>
<tr><td></td><td></td><td></td><td></td><td></td><td></td><td></td><td></td><td></td><td></td><td></td><td></td><td></td><td></td><td></td><td></td><td></td><td></td></tr>
<tr><td></td><td></td><td></td><td></td><td></td><td></td><td></td><td></td><td></td><td></td><td></td><td></td><td></td><td></td><td></td><td></td><td></td><td></td></tr>
<tr><td></td><td></td><td></td><td></td><td></td><td></td><td></td><td></td><td></td><td></td><td></td><td></td><td></td><td></td><td></td><td></td><td></td><td></td></tr>
</table>

如果由扣缴义务人填写完税证，应在报送此表时附完税证副联　　份

<table>
<tr><td>扣缴义务人声明</td><td>我声明，此扣缴申报表是根据《中华人民共和国个人所得税法》的规定填报的，我确信它是真实的、可靠的、完整的。
声明人签字：</td></tr>
</table>

会计主管签字：　　　　　　　　　　　　　　负责人签字：

以下由税务机关填写

<table>
<tr><td>收到申报表日期</td><td colspan="2"></td><td>接收人</td><td></td><td>审核日期</td><td></td></tr>
<tr><td>审核记录</td><td colspan="2"></td><td colspan="4">主管税务机关（公章）：
主管税务官员签字：</td></tr>
</table>

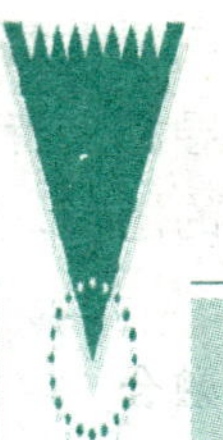

策划人语

记得2006年年末，《蔡博士精典财税系列》“新鲜出炉”，那是一套贴近实务的财税精典丛书，奉献给有志于中国经济繁荣和企业发展的职业经理人，作为丛书的策划编辑，当时我有感而发在书末附了一篇“编辑寄语”；又逢辞旧迎新的元旦佳节，现把蔡昌教授新撰的《税务方法与实战案例丛书·知识更新版》共6本作为“新年贺岁礼物”奉献给读者，期望大家开卷有益。

一、想是问题，做是答案；输在犹豫，赢在行动

众所周知，目前的图书出版业在行业竞争和纸质图书受到严重冲击的情况下，我们出版人无不感到莫大的危机感。在这种背景下，策划一套专业畅销图书是颇感困惑的一件事，风险更大。但即使这样也不能因噎废食、停滞不前，我们还要积极应对，继续发挥纸质图书的固有特质，挖掘出版内容和形式都精彩的书籍，适应新形势下读者的更高需求。

在当今快节奏的信息时代，人们都想利用最少的时间获取更多有用的信息，以致在专业学习中省时、解渴、充饥，为此我策划出版过《企业财会人员快餐读物》等。深入浅出的内容和新颖别致的形式一直是我策划会计类专业图书的追求。这要求作者既要有精湛的专业技能，又要有精彩的文笔。挖掘和推出有潜力的作者和原创作品一直是很难的，多年来我尝试着策划出版过一些丛书，进行了一些有益的尝试。

这次推出的《税务方法与实战案例丛书·知识更新版》，还要特别感谢蔡教授对我们的信任和支持。去年我得知蔡教授所作的税务系列讲座社会反映很好，马上建议他把这些讲座整理完善，出版一套简洁实用的小册子，以使更多的人受益。经过一段时间的构思、策划，从丛书名到每本书名、结构、封面、版式等，我和蔡教授反复斟酌、修改。在领导的支持和几位同事的共同努力下，这套丛书终于付梓。但愿此套丛书的出版，能对读者有所裨益，能使读者获得真知并运用到实践。

二、“会计、税务、财务”三位一体，“方法、技巧、案例”完美融合

税，国之大事也。税收是人类为文明付出的代价，税收是一种规则，深刻体现着分配制度和财富决策的导向。税收不仅是文明进步的标志，而且已成为社会经济发展的一种推动力。毋庸置疑，税收也必然成为影响企业战略规划和财务决策的关键性因素。

《税务方法与实战案例丛书·知识更新版》6本包括：《纳税实务精解》、《税务会计点睛》、《涉税理财决策》、《税收筹划谋略》、《税务风险揭秘》和《税务稽查维权》。本套丛书“以税收为主线”，全面讲解中国税务实务操作方法，涵盖税务会计实务、税务风险管理、涉税理财决策、税收筹划谋略、税务稽查维权等热点话题，是指导纳税人纳税、税务部门征税、税务中介执业的系统性实务典籍。丛书框架清晰、体例完整、结构合理、内容新颖，涵盖作者多年来的实务经验及研究心得，以大量的实操案例揭秘税务实战中的技巧与奥秘，满足社会对税务知识不断更新的需求。阅读本套丛书，能够使读者掌握税务政策与实践运作的精华和要旨，指导读者独立从事税务工作，对企事业单位、中介机构、税务机关等涉税从业人员具有很强的指导意义和借鉴价值。

本套丛书独具特色：“会计、税务、财务”三位一体，“方法、技巧、案例”完美融合。正如每本书封面的精彩荐词所言：

《纳税实务精解》——税主沉浮、演绎财富；

《税务会计点睛》——化繁为简、点税为金；

《涉税理财决策》——理财有道、纵横捭阖；

《税收筹划谋略》——运筹帷幄、税转乾坤；

《税务风险揭秘》——洞悉局势、险中求胜；

《税务稽查维权》——审时度势、法大于天。

中国财政经济出版社会计分社　丛书策划编辑

樊清玉

2010年岁末记于新知大厦